IL CANTO DELL'OFANTO

Visioni per il Parco Naturale Regionale del Fiume Ofanto
Esito del Laboratorio di Progettazione Architettonica IV
DICAR - Politecnico di Bari - a. a. 2020-2021

A cura di
Giuseppe Fallacara, Ilaria Cavaliere e Dario Costantino

Il Canto dell'Ofanto
Visioni per il Parco Naturale Regionale del Fiume Ofanto
Esito del Laboratorio di Progettazione Architettonica IV
DICAR - Politecnico di Bari - a. a. 2020-2021

A cura di:
Giuseppe Fallacara, Ilaria Cavaliere, Dario Costantino

Tutti i progetti sono stati sviluppati dagli studenti del Corso, sotto la supervisione attenta del docente titolare, Prof. Giuseppe Fallacara, e dai Tutor Ilaria Cavaliere e Dario Costantino.
I testi dei progetti sono stati redatti dagli studenti.
Tutte le immagini e le fotografie di cui non è specificato il copyright sono degli autori.
Tutte le immagini relative ai progetti, sono state prodotte dagli allievi del corso di Progettazione Architettonica 4A del Corso di Laurea Magistrale in Architettura del Politecnico di Bari, a. a. 2020-21.
La copertina è stata realizzata da Luca Caiati.
Comitato editoriale: Ilaria Cavaliere e Dario Costantino.
Il montaggio del video del corso è stato realizzato da Alessandro Iacovelli. Composizione musicale originale del maestro Michele Di Modugno.

Stampato da Amazon

ISBN 9798520507710

Edizione: New Fundamentals Research Book

I edizione: luglio 2021

Con il patrocinio della Provincia di Barletta-Andria-Trani

Con il patrocinio della Città di Barletta

PARCO NATURALE REGIONALE
FIUME OFANTO

Si ringrazia

www.stilmarmo.it

RESEARCH BOOKS

Serie editoriale del gruppo di ricerca omonimo

New Fundamentals Research Group è un'associazione di architetti e accademici italiani coordinata dal Prof. Giuseppe Fallacara.
L'associazione è affiliata al Dipartimento di Scienze dell'Ingegneria Civile e dell'Architettura (DICAR) del Politecnico di Bari
e sviluppa progetti di ricerca che affrontano il rapporto tra innovazione e tradizione in architettura.

4	*Al futuro di Aufidus e alla forza tauriforme e visionaria dell'architettura.*

INDICE

Magna Carta del Fiume

Avv. Bernardo Lodispoto - Presidente della Provincia Barletta-Andria-Trani

Colgo con estremo piacere l'invito del Prof. Fallacara a scrivere una breve presentazione degli esiti del corso di Progettazione Architettonica, dal tema "Visioni per il Parco Naturale Regionale Fiume Ofanto", i quali seppur con il proprio carattere accademico, sono tendenzialmente propensi ad inserirsi nella più articolata attività di animazione territoriale, messa in campo dalla Provincia, in particolare attraverso il Contratto di Fiume della Bassa e Media Valle dell'Ofanto (a cui partecipa lo stesso Politecnico di Bari), ma anche attraverso una serie di progetti strategici di riqualificazione territoriale della Valle dell'Ofanto (la Ciclovia dell'Ofanto, l'area umida alla foce ed i progetti di riqualificazione fluviale ai recapiti finali di Canosa e San Ferdinando) e, non da ultimo, la recente adozione del Piano Territoriale del Parco. Dopo un lungo periodo di studio ed analisi, la Provincia di Barletta-Andria-Trani ha adottato gli strumenti di attuazione dell'Area Protetta regionale, concepiti ed elaborati in una nuova e più matura consapevolezza del Fiume e la sua Valle. Un sistema ambientale che, per quanto lontano dalle sorti urbane delle sue Città, si propone al nostro comune futuro come sistema complesso e perciò "compresso", "vitale", "reattivo"; da qui la necessità di tutelare e di proiettare nel futuro la natura, nel suo più ampio significato, come fondamento nelle scelte collettive di questa importante parte di Puglia. Nel lungo e metodico percorso di formazione del Piano Territoriale del Parco è maturata l'idea che lo stesso Piano potesse intendersi non solo come un raffinato e specifico sistema di tutele, bensì anche come "Progetto di territorio" nel quale compiere quell'auspicata alleanza tra Natura, riduzione del Rischio, Qualità delle Acque, Agricoltura, Identità delle collettività, ma più ancora un progetto per la costruzione di un'imponente infrastruttura naturale in grado di erogare nuovi servizi ecosistemici (riduzione di CO_2, contenimento e gestione delle piene, autodepurazione delle acque) che consolidino le basi di una bioregione ofantina capace di intercettare declinazioni e finanziamenti del Recovery Fund. Lo Schema di Piano territoriale del Parco è l'esito di una intensa attività di co-pianificazione nella quale sono convogliate le attività e gli esiti del Contratto di Fiume della Bassa e Media Valle dell'Ofanto e i contributi di altri Soggetti, tra i quali il Distretto Idrografico dell'Appenino Meridionale, Ispra Sistema Nazionale di Protezione dell'Ambiente, Ministero della Cultura e Regione Puglia Sezione Risorse Idriche, a riprova della fattibilità di approcci integrati e sinergici. Un Piano importante che guarda al futuro in una prospettiva di modernità e di rispetto nel contempo, indicando il giusto compromesso tra la salvaguardia e la garanzia delle condizioni di vivibilità tutte e di produzioni di qualità in questo ambiente prezioso in cui la comunità è di fatto il primo e insostituibile custode dello stesso. Tra i temi cruciali nella pianificazione e gestione ambientale del Parco segnalo la forte sinergia avuta con l'Autorità di Distretto idrografico dell'Appennino Meridionale (nelle persone del segretario Dott.ssa Corbelli e del Dott. Capasso) a seguito del quale è stato possibile concretizzare quella che tutti chiamano "una nuova alleanza" tra Agricoltura, incremento della biodiversità e tutela dell'esistente, riduzione del rischio idraulico, qualità delle acque, in una redistribuzione delle responsabilità e degli impegni ci ciascuno. Lo stesso discorso vale per la rete di mobilità per il quale il Piano tenta di ridisegnare, alla scala di Valle, una offerta di fruizione longitudinale (costa-entroterra) e ortogonale (città-fiume) come unico grande itinerario "Ofantino" composto da percorsi ciclo-pedonali, percorsi sovra-arginali, ferrovia, sevizi come gli alberga-bici, ecc.. Concludo questo mio intervento provando a riorientare, nel verso giusto della speranza, quell'idea di "Parco di Carta" che da qualche tempo aleggia nelle atmosfere di questa Valle, quasi come senso di pessimismo e sconforto verso il futuro e verso l'idea di un progetto comune a prescindere. Mi piace pensare di aver scritto tutti insieme, la "Magna Carta del Fiume" (parafrasando quella sottoscritta, guarda caso, il 15 giugno 1215 dal re Giovanni d'Inghilterra) nella quale per la prima volta il Piano è anche "progetto territoriale" di una grande infrastruttura verde e blu, ancor più pronta a fare la sua parte e a dimostrare la sua adeguatezza nel Piano Nazionale di Ripresa e Resilienza.

Giuseppe De Nittis, *Lungo L'Ofanto*, olio su tela, 1870, Pinacoteca De Nittis, Barletta.

Il Piano Territoriale del Parco Naturale Regionale del Fiume Ofanto, un percorso partito da lontano

Dott.ssa Giulia Lacasella - Dirigente del Settore Ambiente, Rifiuti e Difesa del Suolo della Provincia Barletta-Andria-Trani

A circa sette anni dall'affidamento della gestione del Parco Naturale Regionale Fiume Ofanto da parte della Regione e dopo una intensa stagione della pianificazione sia regionale (PPTR, PAI, ecc.) che a scala provinciale (con le approvazioni dei due Piani Territoriali di Coordinamento della Provincia di Foggia e di Barletta-Andria-Trani, quest'ultimo recentemente adeguato al PPTR) la Provincia di Barletta-Andria-Trani, nel suo ruolo di Soggetto affidatario della gestione del Parco Naturale Regionale del Fiume Ofanto, ha recentemente adottato il Piano del Parco e gli altri strumenti di attuazione previsti dalla legge (Piano Pluriennale economico sociale, Regolamento dell'area naturale protetta).

Nel frattempo l'Amministrazione provinciale ha inteso arrivare a questo importante appuntamento, sottoponendo al territorio riflessioni non generaliste, ma assolutamente di contenuto e contestualizzate al Parco del Fiume Ofanto, quest'ultimo collocato all'interno di quella stagione della pianificazione di cui si accennava in precedenza, ma soprattutto rispetto ad un contesto nazionale di grandissimo fermento che vede i fiumi e più in generale il rapporto tra acqua e territorio, come luogo di assoluta integrazione tra le esigenza della riduzione del rischio alluvioni, l'utilizzo delle risorse de sistemi fluviali, e gli aspetti collegati alle loro imprescindibili valenze ecologiche, naturalistiche e paesaggistiche. In questo senso la Provincia è da tempo presente attivamente ai tavoli nazionali sui Contatti di Fiume ed in costante contatto anche con le collettività impegnate in iniziative analoghe nei territorio lungo il fiume nel tratto lucano e campano.

Sette anni di gestione del Parco da parte della Provincia infatti, seppur in una condizione di forte limitazione di risorse economiche ed umane, hanno permesso di maturare considerazioni ben più specifiche rispetto alla sola finalità naturalistica dell'area protetta; determinanti per avviare con il piede giusto, all'elaborazione del primo Piano riferito ad un territorio complesso ed unico nel suo genere tra tutti i parchi regionali (il secondo parco regionale per estensione).

Personalmente sono stata chiamata alla dirigenza ad interim del Settore Ambiente relativamente da poco tempo e comunque a percorso di formazione del Piano del Parco abbondantemente avviato. Un percorso avviato da molto lontano e che restituisce il senso di un processo profondamente meditato proprio nell'intento di essere uno strumento più utile che un mero adempimento. Da quello che mi è dato capire, ad alimentare questo processo hanno sostanzialmente dato il loro contributo tutti i dirigenti del Settore Ambiente nella breve storia di questa Provincia: dall'Avvocato Vito Bruno all'Ing. Vincenzo Guerra, a dimostrazione che fin dalla Delibera di Giunta Regionale 998/2013 che affidava alla Provincia di Barletta Andria Trani la gestione provvisoria del Parco Naturale Regionale del Fiume Ofanto, vi è stato un interesse costante e determinato sul tema. Tutti hanno dato il loro importante e prezioso contributo, considerando appunto la questione "gestione Parco Naturale Regionale del Fiume Ofanto" come un vero e proprio "testimone"; tutti in qualche maniera permeati di una profonda responsabilità tecnica e amministrativa volta alla più ampia consapevolezza circa le ragioni e le istanze del territorio della Valle dell'Ofanto in cui si compenetrano questioni di riduzione e gestione del rischio, tutela degli habitat, tutela delle produzioni agricole, attrattività turistica. Tutte questioni che negli anni scorsi hanno visto approcci settoriali e spesso contrapposti e che solo oggi il dibattito culturale, il contesto legislativo, indirizzano verso una loro equa integrazione.

Giuseppe De Nittis, *Sull'Ofanto*, olio su tela, 1864-1867, Pinacoteca Corrado Giaquinto, Bari.

Introduzione

Prof. Giuseppe Fallacara - Professore Ordinario in Progettazione Architettonica del Dipartimento Dicar del Politecnico di Bari

Sic tauriformis voluitur Aufidus, qui regna Dauni praefluit Apuli, cum saeuit horrendamque cultis diluuiem meditatur agris, ut barbarorum Claudius agmina ferrata uasto diruit impetu[1].

(Orazio, *Odi*, Liber IV Od. 14, v. 25)

Il Canto dell'Ofanto è il nome che un gruppo di studenti del Laboratorio di Progettazione Architettonica IV, incaricato alla produzione e montaggio del video di fine anno, ha dato alla composizione musicale elaborata in collaborazione con Lorenzo Scaraggi e col maestro Michele di Modugno per la colonna sonora dell'elaborato audiovisivo[2] dal titolo omonimo. «Professore, c'è bisogno di far cantare l'Ofanto» sono le parole di uno studente che, durante una delle tante revisioni ai progetti, mi hanno particolarmente colpito e hanno portato alla mia mente la necessità di far cantare, metaforicamente di un *bel canto*, il nostro fiume pugliese. Gli studenti, intendendo inserire una voce lirica a completamento della struttura musicale, hanno immaginato di dare voce all'acqua dell'Ofanto per un racconto solenne – con dirompenza tauriforme – dei *progetti del fiume* nell'incessante corsa direzionata verso il mare. Nella mia mente il *Canto*, come *Angolo* per via del suo etimo, diventa uno o multipli luoghi dove le anse dell'Ofanto accolgono e presentano nuove ed inaspettate visioni architettoniche in armonioso dialogo con la natura. Architetture non tanto da intendersi come progetti normativamente realizzabili quanto, piuttosto, come visioni architettoniche possibili e necessarie per spingere le riflessioni verso le ragioni dei potenziali valori intrinseci ed inespressi di quei luoghi molto spesso trascurati e dimenticati.

Il presente volume, dal titolo *Il Canto dell'Ofanto. Visioni per il Parco Naturale Regionale del Fiume Ofanto*, si unisce agli altri quattro volumi didattici (tutti esiti dei Laboratori di Progettazione da me tenuti a partire dal 2015) pubblicati dall'associazione culturale New Fundamentals Research Group[3] – sezione New Fundamentals Research Books. Il libro raccoglie e descrive l'intera attività didattica, da me coordinata e sviluppata totalmente in DaD con la collaborazione di Ilaria Cavaliere e Dario Costantino nell'a.a. 2020-2021, seguita con profitto da oltre sessanta studenti impegnati in una intensa attività di analisi ed elaborazioni progettuali su tutto il territorio della Valle dell'Ofanto dopo aver compiuto periodici sopralluoghi, seminari e attività laboratoriali. Il tema del corso, concordato con la Provincia di Barletta-Andria-Trani in qualità di soggetto incaricato della gestione provvisoria del Parco, ha visto in esito al laboratorio annuale l'approfondimento di nove temi progettuali (1. centro astronomico; 2. teatro all'aperto; 3. museo delle biodiversità; 4. ponti ciclopedonali; 5. rifugi ed eremi; 6. residenze turistiche diffuse; 7. ristorante con serra idroponica; 8. centro meditazione; 9. maneggio e spa) all'interno di altrettante località dell'area protetta (dal Cittiglio di Barletta, Canne della Battaglia, San Ferdinado, Canosa sino agli invasi del Locone e di Capaciotti) nell'obiettivo di ricostituire un rapporto tra le comunità della Valle ed il fiume, attraverso lo strumento del progetto. Il "progetto" diventa, più o in parallelo al "piano", secondo un nuovo modo di intendere le possibilità del cambiamento, il vero strumento per comprendere e agire nei luoghi che, come nel caso in oggetto, hanno bisogno attenzione, considerazione e valorizzazione strategica. In tal senso gli esiti del corso, seppur con il proprio carattere accademico, sono tendenzialmente propensi ad inserirsi nella più articolata attività di animazione territoriale, messa in campo dalla Provincia, in particolare attraverso il Contratto di Fiume della Bassa e Media Valle dell'Ofanto (a cui partecipano attivamente sia il Comune di Barletta che il Politecnico di Bari), ma anche attraverso una serie di progetti cruciali di riqualificazione territoriale della Valle dell'Ofanto (la Ciclovia dell'Ofanto, l'area umida alla foce e i progetti di riqualificazione fluviale ai recapiti finali di Canosa e San Ferdinado) e non da ultimo la prossima adozione del Piano Territoriale del Parco.

POLITECNICO DI BARI - DIPARTIMENTO dICAR
C.d.L.M. IN ARCHITETTURA - A.A. 2020/21

Laboratorio di Progettazione Architettonica IV
proff. Giuseppe Fallacara - Marco Mannino

LO SPAZIO DEL VUOTO
Il collage come progetto architettonico

Carlo Prati
Docente presso il Dipartimento di Architettura
Università degli studi G. d'Annunzio di Chieti/Pescara

Introduzione
Giuseppe Fallacara

Intervengono
Marco Mannino
Annalisa Di Roma, Annalinda Neglia, Nicola Parisi
Ilaria Cavaliere, Dario Costantino

Martedì 03 Novembre 2020
webinar
ore 16:00

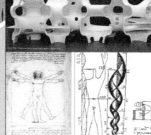

POLITECNICO DI BARI - DIPARTIMENTO dICAR
C.d.L.M. IN ARCHITETTURA - A.A. 2020/21

Laboratorio di Progettazione Architettonica IV
proff. Giuseppe Fallacara, Marco Mannino

ARCHITETTURA 4.0
Dal progetto alla digital fabrication - 3d printing

Maurizio Barberio
PhD - Politecnico di Bari

Matteo Baldassari
CONCR3DE co-founder

Introduzione
prof. Giuseppe Fallacara

Intervengono
proff. Annalisa Di Roma, Annalinda Neglia, Nicola Parisi
architetti: Ilaria Cavaliere, Dario Costantino, Angelo Graziano

Martedì 01 Dicembre 2020
webinar
ore 15:30

POLITECNICO DI BARI - DIPARTIMENTO dICAR
C.d.L.M. IN ARCHITETTURA - A.A. 2020/21

Laboratorio di Progettazione Architettonica IV
prof. Giuseppe Fallacara

REPRESENTAMEN

*Architettura degli interni/musica/società
&
Organizzazione degli spazi di lavoro ai tempi dello smart working*

Santi Centineo
DICAR - Politecnico di Bari

Massimo Mazzilli
Creative Director, UX/UI Designer

Introduzione
prof. Giuseppe Fallacara

Intervengono
proff. Annalisa Di Roma, Annalinda Neglia, Nicola Parisi
architetti: Ilaria Cavaliere, Dario Costantino, Angelo Graziano

Martedì 15 Dicembre 2020
webinar
ore 15:30

POLITECNICO DI BARI - DIPARTIMENTO dICAR
C.d.L.M. IN ARCHITETTURA - A.A. 2020/21

Laboratorio di Progettazione Architettonica IV
prof. Giuseppe Fallacara

Architettura e Tecnologie Appropriate
Un approccio ecologico

prof. arch. Luigi Alini
Professore associato di TECNOLOGIA DELL'ARCHITETTURA [ICAR/12]
Università degli Studi di Catania - S.D.S. di Architettura - Siracusa

Introduzione
prof. Giuseppe Fallacara

Intervengono
proff. Annalisa Di Roma, Annalinda Neglia, Nicola Parisi
architetti: Ilaria Cavaliere, Dario Costantino, Angelo Graziano

Martedì 19 Gennaio 2021
webinar
ore 15:30

comunità resilienti

POLITECNICO DI BARI - DIPARTIMENTO dICAR
C.d.L.M. IN ARCHITETTURA - A.A. 2020/21

Laboratorio di Progettazione Architettonica IV
prof. Giuseppe Fallacara

Comunità resilienti
Padiglione Italia 2021 - Biennale di Architettura di Venezia

prof. arch. Alessandro Melis
Full Professor University of Portsmouth - UK, Cluster for Sustainable Cities
Cofondatore di Heliopolis 21 - Architetti Associati
Curatore del Padiglione Italia per La Biennale di Venezia 2021

Saluti istituzionali
Magnifico Rettore Francesco Cupertino

Introduzione
prof. Giuseppe Fallacara

Intervengono
proff. Annalisa Di Roma, Annalinda Neglia, Nicola Parisi
architetti: Ilaria Cavaliere, Dario Costantino, Angelo Graziano

Martedì 16 marzo 2021
webinar
ore 15:30

POLITECNICO DI BARI - DIPARTIMENTO dICAR
C.d.L.M. IN ARCHITETTURA - A.A. 2020/21

Laboratorio di Progettazione Architettonica IV
prof. Giuseppe Fallacara

Progetti per il
Parco Naturale Regionale Fiume Ofanto
MID TERM REVIEW
PRESENTAZIONE DEI PROGETTI DEL I° SEMESTRE DEGLI STUDENTI DEL LABORATORIO

Introduzione
prof. Giuseppe Fallacara

Presentazione
Il Parco Naturale Regionale del Fiume Ofanto come progetto territoriale
Mauro Iacoviello

Commissione
Mauro Iacoviello - *Direttore Parco Naturale Regionale Fiume Ofanto*
Marco Stigliano - *Ufficio di Piano Parco Naturale Regionale Fiume Ofanto*
Giulia Annalinda Neglia - *Docente Architettura del Paesaggio*
Annalisa Di Roma - *Docente Coordinatrice CdL Disegno Industriale*
Nicola Parisi - *Docente Direttore Fablab Poliba*
Ilaria Cavaliere, Dario Costantino, Angelo Graziano - *Tutors del Laboratorio*

Martedì 30 marzo 2021
webinar
ore 15:30

POLITECNICO DI BARI - DIPARTIMENTO dICAR
C.d.L.M. IN ARCHITETTURA - A.A. 2020/21

Laboratorio di Progettazione Architettonica IV
prof. Giuseppe Fallacara

Ostana: architettura e rigenerazione

prof. arch. Antonio De Rossi
Professore Ordinario in Progettazione Architettonica - Politecnico di Torino
Direttore del centro di ricerca "Istituto di Architettura Montana" (IAM)

Introduzione
prof. Giuseppe Fallacara

Intervengono
prof. Renzo Lecardane - Università di Palermo

proff. Annalisa Di Roma, Annalinda Neglia, Nicola Parisi - Poliba
architetti: Ilaria Cavaliere, Dario Costantino, Angelo Graziano - Poliba

Martedì 20 aprile 2021
webinar
ore 15:30

C.d.L.M. IN ARCHITETTURA - A.A. 2020/21

Laboratorio di Progettazione Architettonica IV
prof. Giuseppe Fallacara

Tradizioni e alterazioni

prof. arch. Cherubino Gambardella
Professore Ordinario in Progettazione Architettonica
Università degli studi della Campania "Luigi Vanvitelli"

Introduzione
prof. Giuseppe Fallacara

Intervengono
proff. Annalisa Di Roma, Annalinda Neglia, Nicola Parisi - Poliba
architetti: Ilaria Cavaliere, Dario Costantino, Angelo Graziano - Poliba

SEGUIRA'
FINAL TERM REVIEW
PROGETTI PER IL PARCO NATURALE REGIONALE FIUME OFANTO

Martedì 6 luglio 2021
webinar
ore 15:30

Durante il corso dell'anno, all'interno della programmazione didattica a distanza del Laboratorio, sono stati invitati docenti italiani ed esteri a tenere *lectures* tematiche utili a sviluppare e a incrementare il dibattito critico sulle problematiche dell'architettura contemporanea. Grazie alla specifica *lecture* dal titolo *Il Parco Naturale Regionale del Fiume Ofanto come progetto territoriale* dell'arch. Mauro Iacoviello, direttore del PNRFO, e all'ausilio dell'arch. Marco Stigliano dell'Ufficio di Piano del PNRFO, è stato possibile individuare con attenzione i luoghi, le tematiche funzionali e aderire alle relative scelte strategiche compatibili con la più ampia filosofia proattiva di progetto per il Parco. Tutto ciò al fine di aprire un primo dibattito critico e condiviso con la comunità, le istituzioni e gli enti preposti alla salvaguardia, alla tutela e valorizzazione del patrimonio antropico e paesaggistico del Parco.

Il "prodotto" finale del Laboratorio di Progettazione, elaborato in un anno di duro e serio lavoro, si è concretizzato in quattro elaborati: 1. un libro; 2. nove tavole grafiche descrittive dei progetti; 3. nove plastici architettonici; 4. un video di presentazione delle nove "visioni" architettoniche. Il tutto concepito per l'allestimento di una mostra, presso gli spazi della "Cappella" e del Castello di Barletta, aperta alla cittadinanza per circa 15 giorni, dal 17 al 31 luglio 2021, con una giornata inaugurale presso la Sala Rossa del Castello alla presenza del Rettore del Politecnico di Bari Francesco Cupertino e del Presidente della Provincia Bernardo Lodispoto, che ringrazio molto per la disponibilità e l'attenzione mostrata all'evento.

Concludo la presente breve introduzione ringraziando infinitamente tutti gli studenti che hanno accolto con grande entusiasmo la difficile sfida progettuale, vinta con l'elaborazione matura di nove architetture tutte ragionate e ponderate nel costante equilibrio tra artificio e natura. Ringrazio l'insostituibile lavoro di tutoraggio e assistenza al corso di Ilaria Cavaliere e Dario Costantino, ringrazio i colleghi e amici Annalisa Di Roma, Annalinda Neglia, Nicola Parisi che hanno animato e collaborato con grande passione a tutte le lezioni della *lecture series* del Laboratorio di Progettazione IV. Ringrazio tutti gli autorevoli docenti invitati alle *lectures* Luigi Alini, Maurizio Barberio, Matteo Baldassari, Santi Centineo, Antonio De Rossi, Cherubino Gambardella, Massimo Mazzilli, Alessandro Melis, Carlo Prati.

12

Copertine degli Esiti del corso di Progettazione pubblicati a partire dal 2015.

Vorrei anche ringraziare in maniera particolare il Presidente della Provincia di Barletta-Andria-Trani Bernardo Lodispoto, la Dirigente del Settore Ambiente, Rifiuti e Difesa del Suolo della Provincia Barletta-Andria-Trani Giulia Lacasella e Daniela Lenoci dell'Ufficio del Parco Naturale Regionale del Fiume Ofanto per aver contribuito a impreziosire con i loro testi questo libro e la Dirigente del Settore Beni e Servizi Culturali di Barletta Santa Scommegna per la disponibilità degli spazi espositivi del castello.

Last but not least i miei più sentiti ringraziamenti vanno ai colleghi e amici Mauro Iacoviello e Marco Stigliano per aver proposto e accompagnato il lavoro degli studenti durante l'intero anno didattico.

Con l'auspicio che la "forza" emotiva e comunicativa dei progetti qui presentati, ispirata alle narrazioni storiche *dell'irrompere tauriforme di Aufidus*, sia di buon auspicio per il futuro dell'Ofanto, auguro a tutti i lettori di poter apprezzare e immedesimarsi con attenzione nel lavoro compiuto da sessanta studenti del quarto anno di architettura nell'anno accademico 2020/2021.

Rendering di simulazione della mostra dei progetti che si terrà presso il Castello di Barletta (fotomontaggi a cura di Martina Morelli e Sebastiano Narracci).

NOTE

[1] «Così irrompe l'Ofanto tauriforme, che attraversa i regni dell'Apulo Dauno, quando inferocisce e trama un'orrenda alluvione sui campi coltivati, come Claudio abbatté con impeto tremendo le schiere dei barbari coperte di ferro».

[2]

[3] http://www.newfundamentals.it/

13

Quattro volte Ofanto

Mauro Iacoviello, Daniela Lenoci, Marco Stigliano - Ufficio del Parco

*Pose l'uomo nel giardino per coltivarlo e custodirlo...
definire l'orizzonte spaziale del luogo dove vivere e
governare il territorio*

S. Em. Rev.ma Card. Gianfranco Ravasi – Stati generali sul
Paesaggio, Roma 25-26 ottobre 2017

Bisogno di Visione

Giorgio Nebbia[1]

La Provincia di Barletta Andria Trani gestisce in modalità provvisoria il Parco Naturale Regionale Fiume Ofanto dagli ultimi mesi del 2013 su delega regionale e dopo una lunga fase di concertazione, verifica delle disponibilità e degli interessi delle singole Amministrazioni comunali e con essi quelle dalla Provincia di Foggia. In quella stagione la Provincia era, e ora decisamente ha ripreso ad esserlo, proiettata a immaginare il proprio futuro utilizzando l'ufficio della pianificazione dell'area vasta come uno strumento indispensabile per la costruzione di un orizzonte credibile di dignità geopolitica in quella che era una situazione pervasa dalla presenza delle province madri.

Nella volontà di arrivare subito a dotarsi di un Piano Territoriale di Coordinamento Provinciale come strumento di auto-governo del territorio, vi era anche quella di occuparsi direttamente del Fiume Ofanto, la cui funzione non era più quella di rappresentare un confine ma un elemento fondante di quella dignità geopolitica e identitaria di una collettività ofantina, per l'appunto. Evidentemente la prima azione fu quella di candidarsi alla gestione provvisoria del Parco pur rappresentando un sacrificio in termini di risorse impegnate e dover affiancare altri servizi a parità di personale. Parallelamente vi era, però, anche la volontà di incominciare a ragionare sulla necessità di affinare il *corpus* normativo provvisorio della Legge istitutiva del Parco (L.37/2007) rispetto ad una stagione in rapido mutamento rappresentata dal DRAG, dal PPTR e a scalare dallo stesso PTCP, per arrivare al Patto Val d'Ofanto sottoscritto presso

la Prefettura di Avellino con tutti i sindaci dell'intero bacino idrografico dell'Ofanto. Perché questo potesse accadere c'era quindi bisogno di incominciare a gettare le basi per l'avvio del processo di elaborazione del Piano del Parco e degli altri strumenti di attuazione dell'Area Protetta che affrontassero temi assolutamente cruciali per la vita del Parco, non potendo consentire che il Parco potesse continuare ancora ad essere regolato da norme transitorie e generaliste.

Contrariamente all'idea di un parco "solo sulla carta", la gestione della Provincia ha permesso di arrivare a questo punto avendo chiari il contesto culturale e tecnico-scientifico della riqualificazione fluviale, i riferimenti della pianificazione territoriale con il PPTR ed il Piano Territoriale di Coordinamento delle Province di Barletta Andria Trani e Foggia, le questioni connesse allo svolgimento e della regolamentazione della attività agricole in area parco. Cioè questioni meritevoli, nel Piano del Parco, di un necessario approfondimento rispetto all'insieme delle norme provvisorie di salvaguardia della Legge istitutiva dell'area protetta.

In tal senso appare del tutto evidente che il chiarimento della natura del parco, naturale o agricolo multifunzionale, costituisce il principale atto destinato ad indirizzare tutte le fasi successive alla stesura del Piano dell'area protetta, fermo restando le principali prerogative di tutela ambientale delle aree ad elevata e prevalente naturalità. D'altronde lo stesso PPTR così si esprime in riferimento alle prospettive dei Parchi regionali: «la trasformazione dei parchi naturali in parchi agricoli multifunzionali (Alta Murgia, Ofanto, Paduli di San Cassiano, ecc) va appunto in questa direzione: trasformare la cultura "negativa" degli agricoltori e delle loro associazioni verso i parchi, dal momento che vedono tradizionalmente nel parco una sottrazione di territorio produttivo (per cui ne chiedono la riduzione dei perimetri), in una cultura attiva, che vede nella remunerazione di produzioni qualitative e di beni e servizi pubblici, un vantaggio economico e sociale per gli agricoltori e investimenti per il ripopolamento rurale

14

(e, dunque, dovrebbero indurre gli agricoltori a chiedere l'estensione delle aree protette)» (Cfr. Relazione generale del PPTR).

Tutte le iniziative pubbliche e le progettualità che la Provincia ed il Parco promuovono sono finalizzate a fornire elementi ed argomenti, con contenuti di merito, da fornire al dibattito per la costruzione e la composizione di ciò che è la visione in prospettiva del Parco. Fissare punti fermi in relazione a strumenti ed opportunità concrete e comunque agganciate a un sistema di riferimenti giuridici, normativi, programmatori nazionali e regionali.

Primo tra questi l'idea che "non si può tornare indietro" quasi a sancire il principio che le azioni di tutela e valorizzazione del Parco nelle sue diverse opzioni di sviluppo non possono indirizzarsi al ripristino di una condizione pregressa, ma necessariamente devono ricercare nuove condizioni di equilibrio a partire da ciò che oggi è il Parco con le sue infrastrutture, i suoi usi, le sue valenze, le sue contraddizioni ma soprattutto le sue potenzialità.

Ovvero accettare l'idea di immaginare, in un contesto fortemente artificializzato, scenari inediti del Parco in cui finalità come tutela degli habitat e della biodiversità, creazione di nuova naturalità, salvaguardia del regime idrologico, valorizzazione delle produzioni agricole, sono concentrate in una fascia di territorio molto stretta e dove risulta quanto mai opportuno e necessario perseguire un nuovo paradigma di integrazione fortemente ispirato all'idea di innovazione, di equilibrio e di convivenza.

L'idea, cioè, che il Piano per l'area protetta potesse essere per l'Ofanto un impulso per uno slancio di innovazione e di sperimentazione per una nuova identità del Parco, capace di diventare trainante per l'intera Valle. Da qui la necessità di inserire nel Piano del Parco, aspetti e strumenti di natura anche economica come ad esempio i Distretti rurali e Reti d'impresa agricola.

Il Contratto di Fiume infine, nell'accezione di strumento volontario per l'effettiva integrazione condivisa e partecipata delle diverse istanze dei territorio, e strumento di suddivisione consapevole delle responsabilità, rappresenta ancora l'unica occasione per ribadire e perseverare quell'approccio bioregionale esteso, cioè all'intero bacino idrografico (già avviato ad Avellino nel 2014 con la firma del Patto Val d'Ofanto) con il coinvolgimento delle tre regioni Puglia, Basilicata e Campania e dove l'adesione della stessa Regione Puglia alla Carta Nazionale sui Contatti di fiume costituisce un inizio importante, all'interno del quale trova coerenza e compimento il Piano del Parco. Tuttavia il Contratto, come strumento partecipativo di suddivisione consapevole delle responsabilità, ripropone i temi del parco come "patrimonio collettivo" e della partecipazione nell'accezione, non già di uno strumento di consenso e di denuncia passiva, quanto come azione collaborativa e propositiva; quella della "partecipazione pioniera" attorno a questioni specifiche e iniziative locali.

Quattro volte Ofanto

Il fiume, nella sua parte terminale e nella sua piana alluvionale e costiera, è il luogo dove si manifestano e si condensano le reazioni agli eventi e alle dinamiche evolutive naturali ed umane con il più alto livello di complessità. La forma dell'intero bacino idrografico nella parte terminale del fiume si assottiglia, d'altronde, in una stretta striscia di piana in cui il corso d'acqua si confonde tra i fasci infrastrutturali in un disegno compiuto e statico.

Proprio dalla foce e verso le valli interne sono partite tutte le "storie interrotte"[2] che nell'arco di circa due secoli tracceranno l'orditura dell'attuale sistema insediativo dell'Ofanto; così come proprio da questi luoghi della piana terminale si avviano riflessioni per l'istituzione del Parco Naturale Regionale del Fiume Ofanto[3], quale epilogo di vicende legate alla volontà di ripristino di condizioni di equilibrio, fino alle spinte locali di un parco fluviale interregionale.

In questi ultimi anni si è assistito ad un graduale mutamento nei comportamenti della gente della Valle che dà ragione della percezione del valore posseduto da un certo paesaggio della Valle fatto da sistemi naturali riconoscibili e saldi, sistemi insediativi dal forte valore identitario, siti e luoghi emozionali, utilizzabili con avveduta lungimiranza anche nel mercato del turismo.

Sembra maturo il tempo di riconoscere nella conservazione della biodiversità e del paesaggio non solo un impegno che proviene dalle leggi e dalle convenzioni, o una responsabilità etica, ma anche un'irripetibile opportunità economica e un fattore di ulteriore competitività dei territori cui è legato il benessere e la qualità della vita di residenti e ospiti

Così la storia, nella sua accezione di racconto più di altre forme, oggi appare ancora una maniera per restituire sintesi e trasferire in maniera diretta il senso, le questioni ed i principi ispiratori del Piano del Parco.

Analogamente alle "storie", gli esiti del corso di Progettazione Architettonica, *Visioni per il Parco Naturale Regionale Fiume Ofanto*, seppur con il proprio carattere accademico, suscitano l'interesse per la loro capacità di prefigurare scenari e provocare inneschi per possibili fusioni tra collettività che vivono nelle città e lo stesso Parco. Un tentativo del Parco di provocare processi di auto-apprendimento delle collettività e gli enti che operano nella Valle per definire approcci condivisi per la gestione della complessità.

1. La "freccia del tempo"

La prospettiva della scienza d'oggi è cambiata, e concentra la propria attenzione su processi irreversibili che, sempre generati dal caso e dalla necessità, mettono in gioco le nozioni di struttura, di funzione, di storia.

I. Calvino (1980) recensione
La nuova alleanza
Ilya Prigogine e Isabelle Stengers.

La complessità dei fiumi negli ultimi cinquant'anni ha finito per caratterizzate non già la loro valenza di sistemi ecologici, quanto gli apparati della gestione. Tuttavia rimangono ancora l'ultima speranza di salvezza; gli unici luoghi di accelerazione biologica dove l'uomo può realisticamente immaginare i suoi sogni di sopravvivenza; di riscatto in un tempo che è il suo e dei suoi figli.

Così il fiume, "liquefatto" nei sistemi insediativi stratificati, finisce per diventare il luogo dove attribuire funzioni e livelli prestazionali oltre la sua naturale capacità: rendere più resilienti i territori dagli effetti dei cambiamenti climatici; scrigni di biodiversità; riserve di acqua dolce; agricoltura di qualità, tempo libero. Fino a farne sistemi ancor più aperti, complessi e compressi di quanto già la natura non gli attribuisca.

Le prospettive e le visioni dentro la dimensione bioregionale da questo momento in poi si misurano con l'idea di contesto ibridato e di una prospettiva inedita ed irreversibile del fiume, (un fiume che come tutti noi si muove lungo la freccia del tempo) ma non per questo non in grado di offrire prospettive di equilibrio; una natura inedita ma tuttavia ancora in grado di iniettare funzioni ecologiche nella matrice rurale delle piane e lungo le infrastrutture delle economie.

Così l'irreversibilità e la capacità di autodeterminazione dei sistemi complessi invita a confrontarsi con la possibilità di immaginare per il Parco del Fiume Ofanto scenari di NATURA inedita, affidata all'attuazione secondo processi partecipativi propositivi e responsabili.

2. "Paradigmi idraulici"

Esiste una più saggia dimensione del paradigma "idraulico" e della "valle alluvionale" ed è quella che tra Ottocento e primi del '900 disegna geografie, anima storie e pensieri lungo il fiume, tra costa ed entroterra.
Come quella di Afan De Rivera per il derivativo Ofantino, progettato e realizzato per controllare le piene dell'Ofanto ed allontanarle dai centri di Margherita di S. e Trinitapoli e indirizzate nel Lago Salso per bonificare aree paludose e ripristinarne ecosistemi di transizione produttivi.
Come quella di Giulio Bucci "Tenace Volontà Tutto Conquide" che segna un punto luminoso nella storia economica di una regione, ma è principalmente un forte esempio morale.

Convegno I *cereali e la Puglia contadina. Testimonianze tra storia, economia e cronaca locale*
Minervino Murge 19 settembre 2015
La poliedrica figura di Giulio Bucci (1837-1887) di Franco Antonio Mastrolia

Provare a reinterpretare in chiave positiva i segni di un passato recente che oggi possono offrire nuove chiavi di lettura e nuove opportunità, per ispirare interventi sapienti di costruzione di scenari sostenibili; come gli argini in terra battuta della foce come opportunità di costruzione di uno dei più lunghi percorsi in quota di bordo-fiume e di separazione spaziale tra natura ed agricoltura.

Provare ad ispirarsi a figure di imprenditori agricoli come Giulio Bucci per definire possibili esempi di orientamento all'innovazione ed alla tradizione.

3. "La gara di San Mauro"

Nel giorno di San Mauro, che cade il due maggio, e che è il santo protettore del mio paese, i giovani contadini organizzavano una gara di abilità e di professionalità. Si trattava di tracciare il solco più dritto, con aratri tirati da una coppia di muli o di cavalli... Erano una ventina di chilometri, e si doveva guadare il fiume per poi riprendere il solco dall'altra riva.

Alberto Jacoviello *Ma i contadini non guardano le stelle*
da Repubblica 21 marzo 1991.

Fig. 2. Gita sul Fiume, ottobre 2017.

Il Fiume era nelle maglie larghe del latifondo, tra Cerignola ed Andria, luogo di nessuno tra l'assalto del Palazzo Cirillo e l'eccidio delle sorelle Porro (1946-1947), nella rivendicazione alla terra dei lavoratori di Giuseppe di Vittorio.

L'agricoltura pervade in maniera assolutizzante la piana; essa affonda rapidamente le sue ragioni ed il suo senso fino a raggiungere il codice statutario ed identitario di questo territorio. La veemenza dello spingersi fino alle rive del fiume è ciò che oggi costituisce un senso del Piano del Parco (nel senso e di riappropriazione delle aree di golena alla sua prevalente funzione ecologica) insieme alla promozione ed incentivazione di una competitività dell'agricoltura di qualità, la multifunzionalità dei suoi servizi agro-urbani e agro ambientali e fare della campagna un contesto di vita, contenendo le trasformazioni

Fig. 1. Amsterdam, Rijkspretenkabinet, Abraham Luis Rodolphe Ducros, veduta del ponte romano sull'Ofanto presso Canosa, 1778.

Fig. 2. Cantina Bucci a Minervino Murge c/o Torrente Locone .

limitatamente a ciò che consente di migliorare la qualità. In tal senso i parchi agricoli sono territori agro-urbani o agro-ambientali che propongono forme di agricoltura di prossimità che alle attività agricole associa le esternalità dell'agricoltura multifunzionale. Quest'ultima produce, oltre ad agricoltura di qualità, salvaguardia idrogeologica, qualità del paesaggio, complessità ecologica e chiusura locale dei cicli, fruibilità dello spazio rurale, valorizzazione dell'edilizia rurale diffusa e monumentale, attivazione di sistemi economici locali. Il parco agricolo è portatore di nuovi valori ecologici, sociali, culturali e simbolici.

4. "Nuovi briganti"

Da qualche tempo l'Ofanto come il Volturno si prestano all'estensione di una idea di sacralità del fiume; come elementi centrali per un nuovo "evento meridionale" che tenta di coniugare – nella migliore tradizione di quella eleganza che matura in contesti di inquietudine, di contraddizioni e di bellezza – cultura, storia, natura, innovazione, ripresa produttiva, sviluppo economico e sociale nella più ampia prospettiva nazionale ed europea.

Un'idea di sviluppo che parte dal quell'approccio fisiografico, oggi bioregionale, che non solo travalica la valenza di continuità ambientale del fiume, dei suoi adduttori e delle connessioni ecologiche, ma ricerca, riammaglia ecologia ed economia.

Le genti di questa Valle come "Nuovi briganti" tenacemente animati a conquistare visioni e speranze.

NOTE

[1] In *L'acqua fonte di violenza e solidarietà*, "OFANTO" BIC Puglia Sprind, Comune di Barletta, Ministero dell'Ambiente e della Tutela del territorio (2004).

[2] Un progetto originale, sostenuto negli anni scorsi dal Dipartimento per le Politiche di Sviluppo del Ministero dello Sviluppo Economico, che, attraverso il teatro, la radio, l'editoria e forme innovative di didattica, ha diffuso, soprattutto fra i giovani, la conoscenza di alcune figure storiche del Sud, che hanno concorso alla costruzione delle istituzioni nazionali e allo sviluppo del Paese.

[3] Istituito con L. Regionale della Puglia nr. 37/2007.

Raffaele Nigro
I fuochi del Basento

SCRITTORI CONTEMPORANEI

19

Dallo studio dei luoghi all'idea progettuale. Per un metodo didattico condiviso

Ilaria Cavaliere, Dario Costantino - assistenti del Laboratorio di Progettazione Architettonica 4A.

Dallo studio dei luoghi all'idea progettuale. Per un metodo didattico condiviso
di Ilaria Cavaliere e Dario Costantino
Nell'ambito della formazione degli architetti all'interno del Politecnico di Bari, il quarto anno di studi è da considerarsi cruciale, perché rappresenta contemporaneamente la prima occasione di confronto con la progettazione su scala estremamente ampia e l'ultima possibilità per gli studenti di progettare in modo "sicuro", ovvero in modo sostanzialmente libero sia dai vincoli economici/territoriali/legislativi – che caratterizzano concretamente, poi, il mestiere. Inoltre è l'ultimo momento, prima del laboratorio di tesi, in cui, sotto la guida di un docente, ci si può permettere di osare con tematiche estremamente complesse, sperimentando un approccio al lavoro che può essere assimilato a quello degli studi di architettura.

A tal proposito, infatti, il Laboratorio di Progettazione Architettonica IV viene generalmente gestito attraverso una suddivisione in gruppi, i cui componenti sono obbligati a far convergere le proprie competenze al fine di portare a termine la commissione che i "clienti", ovvero il docente e i suoi assistenti, assegnano loro in una zona geografica che cambia di anno in anno. In particolare quest'anno si è instaurata una collaborazione con il Parco Naturale Regionale del Fiume Ofanto, rendendo il territorio che accoglie il fiume il banco di prova degli studenti, con l'obiettivo di re-immaginare questo sito protetto attraverso una serie di visioni progettuali.

Il termine "visioni" o, meglio, "suggestioni" non è causale. Nell'ottica di permettere ai futuri architetti di dare sfogo alla propria creatività, si è deciso di non tenere in considerazione tutti i vincoli che un sito del genere comporterebbe nella realtà per via della legislazione in merito alla tutela del patrimonio paesaggistico, ma li si è lasciati liberi di spaziare con le forme e con le idee, ovviamente nel rispetto delle specifiche aree scelte e in conformità con le caratteristiche di materiali e sistemi costruttivi adottati. Dunque: libertà sì, ma – seppur con qualche licenza poetica – nei limiti della credibilità e della coerenza.

Chiaramente questo è un approccio che potrebbe non essere condiviso da tutti e che facilmente si presta a critiche legate al suo essere, forse, eccessivamente "accademico" ma, se le premesse già fatte non bastassero, è doveroso sottolineare l'importanza che una simile azione può assumere anche da un punto di vista sociale ed emotivo, sottolineando la forza evocativa dei luoghi dell'Ofanto e mostrando alle comunità interessate le potenzialità di questa terra.

I team di questo corso sono stati nove e a ciascuno è stato fornito un tema differente da un elenco stilato dal professor Fallacara e dalll'architetto Marco Stigliano:

1. osservatorio astronomico;
2. museo della biodiversità;
3. centro di meditazione;
4. eremi;
5. tree houses hotel;
6. ponti;
7. acoustic shell;
8. maneggio e centro benessere;
9. ristorante con serra idroponica.

La particolarità è che ciascun progetto avrebbe dovuto essere accompagnato non solo dai tradizionali elaborati tecnici (piante, prospetti, sezioni bidimensionali) su cui, grazie ai precedenti corsi, gli studenti hanno già avuto modo di affinare le proprie capacità, ma anche – anzi soprattutto – da rendering e video, diventati strumenti indispensabili a servizio dell'architettura, grazie alla loro immediatezza nel comunicare la spazialità delle strutture e le atmosfere immaginate.

Un compito, questo, non semplice per dei ragazzi non abituati a utilizzare software di modellazione tridimensionale come Rhinoceros o motori di rendering (in tempo reale e non) come Lumion o Twinmotion. Per questa ragione il corso si è da subito configurato come un'ardua sfida che avrebbe visto coinvolti non solo gli studenti, ma anche noi

assistenti e docenti, che avremmo dovuto accompagnarli nel mondo dei contemporanei strumenti di progettazione, visualizzazione e prototipazione, al fine di ottenere degli elaborati che non fossero semplicemente accettabili, ma presentassero un livello qualitativo tale da permettere una mostra di fine anno presso castello di Barletta.

Per raggiungere questo risultato il corso si è diviso sostanzialmente in due parti: inizialmente ci si è concentrati sul testare le capacità dei singoli gruppi e sul fornire loro sia strumenti pratici (nozioni di visualizzazione, di rendering, di postproduzione) che teorici, ovvero lezioni e seminari con ospiti esterni. Durante questi ultimi, al fine di affinare il pensiero critico, si sono affrontati volutamente gli argomenti più disparati, permettendo agli studenti di confrontarsi con figure quali Alessandro Melis – curatore del Padiglione Italia per la Biennale di Architettura di Venezia 2021 – con cui si è parlato del tema della resilienza; o il professore Luigi Alini, per parlare delle opere di Fabrizio Carola; o il professore Antonio De Rossi, con cui si è affrontata la questione della rinascita di Ostana. Nella seconda fase, contestualmente all'evolversi dei progetti, le revisioni sono diventate una parte sempre più consistente degli incontri settimanali e sono state queste che hanno permesso un sostanziale miglioramento delle idee architettoniche, che si sono arricchite sempre più. Il lavoro svolto è stato complesso perché i ragazzi sono partiti da livelli molto diversi tra loro e perché si sono spesso trovati nella condizione di confrontarsi col difficile compito di tradurre nel modo più opportuno le indicazioni date durante le revisioni dal professor Fallacara, da noi assistenti e da "ospiti" esterni. Questa situazione li ha portati a modificare spesso e radicalmente i progetti, anche quando sembravano pressoché ultimati e quando il tempo residuo prima dell'esame sembrava ormai troppo poco per effettuare qualsiasi miglioria. Sono stati curati, quindi, tutti gli aspetti alle diverse scale, dalla composizione globale fino ai dettagli tecnici, mantenendo sempre come focus il rapporto con l'ambiente circostante e il confronto con la natura che lo caratterizza, per arrivare al risultato contenuto in questo libro. Un risultato che, bisogna sottolinearlo, è il frutto di un lavoro effettuato totalmente a distanza per via della pandemia di Covid-19 che stiamo affrontando e che, anche per questo, risulta degno di attenzione.

La realizzazione dei plastici

Prof. Nicola Parisi - Direttore FabLab Poliba

Nella storia dell'architettura il modello ha sempre svolto un ruolo peculiare, necessario al progetto sotto molti punti di vista. Oggi, con l'avvento delle tecniche di fabbricazione digitale, il processo produttivo del prototipo d'architettura e le sue fasi di realizzazione sono molto mutati rispetto a quelli del modello tradizionale. Il prototipo, in ogni caso, continua a essere uno strumento significativo indispensabile che sta acquisendo maggiore vigore proprio grazie alle inedite possibilità comunicative offerte dalle nuove tecnologie. Il modello rappresenta e incarna un medium tra il progetto e l'oggetto reale e la sua realizzazione assume un valore simbolico molto alto: si avvicina a una forma d'arte, ponendosi a metà tra scultura e architettura.

Il cosiddetto "plastico" è uno strumento di verifica utile a governare la complessità tridimensionale del manufatto che verrà costruito nella realtà, ma non solo. Attraverso esso è possibile interpretare l'opera osservando le caratteristiche in termini di linguaggio, la relazione con il contesto e l'intero apparato simbolico che il progetto porta con sé. Viene introdotto, inoltre, un elemento fondamentale per le rappresentazioni di architettura: la scala. Infatti, se attraverso le operazioni di modellazione informatica dell'oggetto possiamo ottenere una globale percezione della realtà (ad esempio attraverso virtuose operazioni di rendering e accurati fotomontaggi), non è possibile, invece, avere una percezione plastica ed esatta delle proporzioni tra le parti.

Oltre a questi aspetti, importante è la dimensione della ricerca progettuale. La realizzazione del modello permette di sperimentare e di ricercare le forme (talvolta anche le tecniche) più appropriate all'intenzione comunicativa del progetto e quindi di giungere alla migliore delle soluzioni ipotizzate. Il Fablab Poliba rappresenta il luogo preposto alla ricerca in questo senso ed è sempre pronto ad accogliere studenti di architettura, di disegno industriale e chiunque sia interessato al mondo della fabbricazione digitale e della sperimentazione in questo settore.

I plastici realizzati per gli studenti del corso di Progettazione Architettonica IV incarnano tutti i principi suddetti e si presentano omogenei tra loro nell'aspetto materico e nei colori, risultando particolarmente comunicativi per ciò che attiene le forme dell'architettura e le proporzioni tra le parti. Possiedono, comunque, un'estetica autonoma e per questo costituiscono spazi aperti all'interpretazione.

I progetti sono stati stampati in 3D utilizzando bobine di PLA bianco. Il PLA rappresenta una reale alternativa alla plastica e deriva dalla trasformazione degli zuccheri presenti in mais, barbabietola e canna da zucchero. Si tratta di una vera e propria bioplastica, biodegradabile e compostabile.

Le basi, invece, sono di colore nero e sono anch'esse in PLA stampato in 3D oppure – in alcuni specifici casi – in legno, realizzate con taglio laser e poi verniciate. Tra le stampanti 3D, sono state utilizzate la Big Rep One (utilizzata principalmente per la stampa delle basi poiché si tratta di una delle stampanti FDM più grandi presenti nel mercato internazionale e consente di stampare un volume di oltre un metro cubo) e le stampanti Ultimaker 3 (con volume di stampa di 230 x 190 x 200 mm), 3 Extended (215 x 215x 300 mm) e S5 (330 x 240 x 300 mm), utilizzate alternativamente in base al volume del singolo pezzo da stampare.

Il processo ha previsto la realizzazione – da parte degli studenti - del modello 3D su software CAD e la sua successiva importazione su software di slicing/CAM (Ultimaker Cura). Un software CAM fornisce alla stampante un G-code, ovvero indicazioni riguardo il movimento che deve effettuare per la stampa dell'intero manufatto. Una volta stampati, i singoli pezzi sono stati assemblati.

I plastici realizzati rappresentano una previsione del reale e, in questo senso, utopia. Aiutano a esplorare la presenza fisica del luogo immaginato e si pongono all'incrocio tra sogno e ricerca.

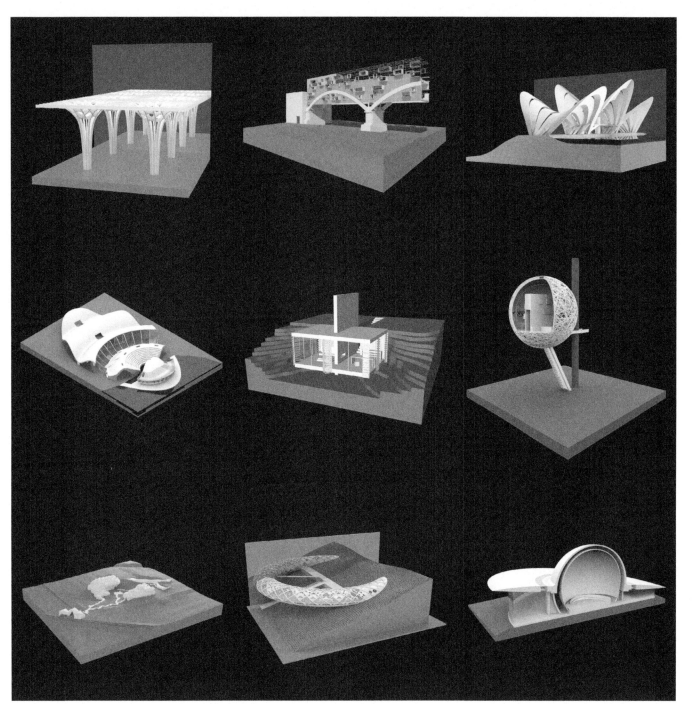

Contro un'architettura del senso di colpa

Intervista di Ilaria Cavaliere al prof. Cherubino Gambardella - Professore Ordinario in Progettazione Architettonica dell'Università degli Studi della Campania "Luigi Vanvitelli"

Il presente testo è stato realizzato attraverso la trascrizione di un'intervista cortesemente concessa dal prof. Cherubino Gambardella alla scrivente. Le domande vertono sul Laboratorio di Progettazione Architettonica 4A.

Che impressione ha avuto dei progetti?

Trovo che i progetti esprimano una singolare condizione di coraggio, che è molto difficile nell'architettura italiana, perché questa sta vivendo una doppia condizione di "senso di colpa" e di "penitenza". Da un lato c'è un'architettura italiana che è completamente succube di quella centro-europea che, a sua volta, è succube di un calvinismo minimalista e vagamente tetro, che probabilmente ha anche una sua componente di valore, ma sicuramente non esprime gioia di vivere. Sono spazi che non aiutano molto a essere vissuti o recepiti perché sono improntati sicuramente a una buona – o addirittura ottima – qualità, ma sono respingenti. C'è questo mito del buon gusto e dell'eleganza che distrugge ogni forma di espressività e creatività. Paradossalmente è lo stesso destino a cui è stata esposta – per altri versi – l'architettura di Portoghesi che, spingendosi oltre le soglie del buon gusto e volendo, in qualche modo, raggiungere una espressività, spesso è stata tacciata di eccesso. E io, che sono uno che fa architettura "eccessiva", non posso che trovarmi in sintonia con questo mondo evocato da Giuseppe Fallacara e dai suoi allievi attraverso lo strumento della didattica, che non è mai fine a se stessa, ma sembra essere anche connessa un "parametrismo" legato allo sviluppo della pietra, che è inconsueto: non è quello di Zaha Hadid o di altri, è un parametrico legato allo sviluppo dell'uso post-stereotomico, direi, perché è legato a una tradizione molto antica che, però, in qualche modo, i francesi non riuscivano a spingere in queste forme così divertenti, audaci, singolari, legate alla memoria del – per alcuni versi – futurismo e – per altri versi – addirittura di spazi araldici, di piante barocche, come Giuseppe ha fatto nel caso del suo padiglione in pietra leccese alla Biennale di Venezia, che ha una specie di pianta centrale aperta a infinito. Uno spazio molto suggestivo che chi volesse, oggi, ragionare su un buon gusto penitente tacerebbe di essere un'architettura "facile", un'architettura "piaciona", per così dire.

Ebbene, è proprio questo che mi è piaciuto: che è "piaciona". Mi è piaciuta perché è un'architettura che comunica una grande forza: il cesto mezzo sospeso che diventa questa specie di disco, che ho visto fare in forme tristi e minimaliste, dando al cerchio questo carattere perentorio – adesso non ricordo di che altro autore si tratti – ma qui diventa tutta un'altra cosa, perché è tutto istoriato, strutturato, concepito attraverso questa tessitura quasi alla Gottfried Semper che fa intrecciare le parti. Adesso prendo questo come esempio, ma tutto il lavoro ha una genealogia antica, contemporanea moderna ed è anche molto divertente. Un discorso a parte andrebbe fatto per la tecnica di rappresentazione di questi studenti.

Che cosa pensa di questo metodo progettuale?

Ribadisco: credo in questo metodo progettuale, se usato al di fuori di una gabbia in cui la cultura francese lo aveva costretto – per cui questi lapicidi straordinari che lavoravano la pietra curva lo usavano attraverso dei criteri molto "bloccati", con esiti linguistici codificati.

Un'altra questione molto importante è che qui non c'è paura del linguaggio e neanche paura dell'eclettismo. Qui ci troviamo perfettamente, perché io sono uno che ama esprimersi in una lingua eclettica e questo mi ha portato, a volte, a pagare dei prezzi, perché oggi in architettura il senso di colpa è il fatto di doversi legare a tutti i costi. [L'architettura] deve essere fotogenica, deve andar bene per le pubblicazioni. Io sono riuscito a far passare [i miei lavori], come Giuseppe, anche sulle riviste più importanti, anche nelle mostre più importanti di architettura *non canonica*, che non segue un gusto comune, o che non è una architettura "da galleria d'arte".

Che cos'è un'architettura da galleria d'arte? È un'architettura

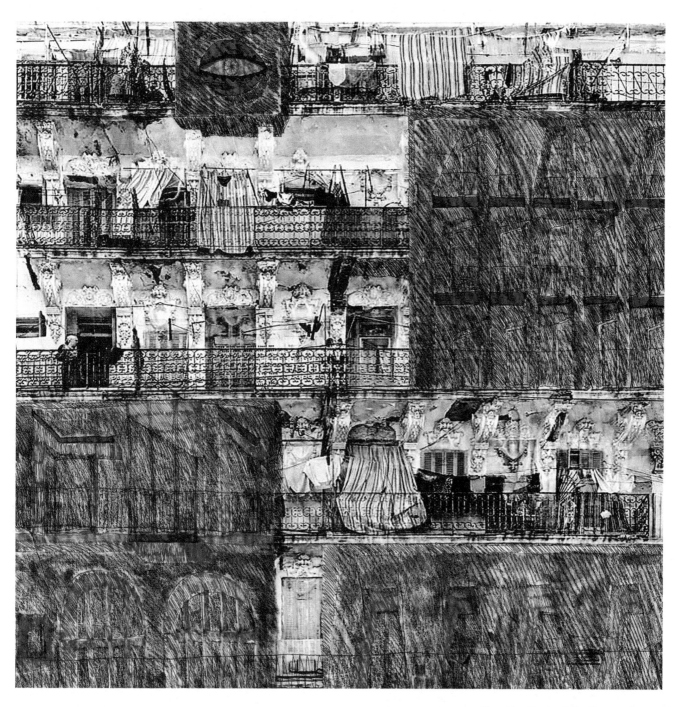

Cherubino Gambardella, *Donna sola in città*.

che vuole essere "fighetta", che usa materiali scabri, ruvidi, che simula momenti di assenza. Io spesso ho lavorato su scheletri, ma tranquillamente scheletri di cemento armato, abbandonati, semi-abusivi, e li ho trasformati in case di lusso, senza nessun senso di colpa e senza nessun tipo di problema. Oggi, invece, si trasformano gli asili in case unifamiliari attraverso un senso triste di penitenza, che è un peccato perché, magari, autori e autrici bravissime dell'architettura italiana rischiano di essere ingabbiati in una cosa che non è la loro cifra, il loro destino, il loro modo.

Qual è il suo punto di vista sulla progettazione in luoghi tutelati non edificabili?

Io credo che la progettazione in luoghi tutelati non edificabili vada fatta trasformando l'esistente – perché nei luoghi tutelati non edificabili ci sarà qualcosa che esiste – e che vada fatta con particolare misura, "addomesticando" questi luoghi senza tradirne il senso. Io, onestamente, non farei nulla sulla spiaggia di Budelli, perché è una spiaggia meravigliosa, però magari è un po' distante e un posto dove chi arriva possa avere un po' d'ombra, possa immergersi, non sarebbe male. [...] Trattare con delicatezza e civiltà un pezzo meraviglioso di natura non vuol dire neutralizzarne l'uso e renderlo sconosciuto all'uomo, perché con questo disconoscimento che l'uomo ha di pezzi di natura sospesi tra il sublime e il pittoresco, noi ci precludiamo delle condizioni e, quindi, automaticamente, per questa specie di grottesca situazione dell'antropocene di cui stiamo discutendo, considerandoci pieni di sensi di colpa come se avessimo fatto chissà che cosa. Abbiamo fatto molti danni, per carità, però non è che facendo architettura con il verde o con altro o con sistemi di tipo diverso possiamo risolvere definitivamente questo problema. Noi dovremmo risolvere questo problema, magari, ristrutturando l'architettura esistente con il verde come ha fatto Stefano Boeri, come lo faceva Emilio Ambasz, come faccio io in tanti casi evitando il trasporto a rifiuto – perché quello è un altro problema grossissimo –, limitando la durata del cantiere – meno dura il cantiere meno radon viene sprigionato. Ci sono tante cose che si possono fare. Però noi abbiamo questa cultura sloganistica che impedisce all'architettura di dispiegarsi e che fa sembrare questa disciplina la responsabile di tutti i problemi della faccia

della Terra. Tutto dipende dall'architettura e questo non è giusto, perché non è l'architettura l'unica [causa], anzi, in alcuni casi l'architettura è riuscita a fare di alcuni posti delle meraviglie incredibili. Ci sono posti brutti, che se non ci fosse stata l'architettura sarebbero rimasti brutti. Rossi dava un'immagine molto poetica di Venezia di sole piattaforme sul mare con i monumenti, ma questa è una provocazione intellettuale. Anche Le Corbusier diceva che il Campo dei Miracoli a Pisa è un'isola, una piazza con delle isole che galleggiano. Ci sono molti modi per fare architettura. Venezia senza architettura sarebbe veramente un brutto posto: se togli Palladio da Venezia hai tolto tutto. L'architettura, a volte, rende i posti indimenticabili.

Io vivo in una città che ha una natura potentissima, Napoli, dove il rapporto conflittuale tra architettura e natura è la sua più grande forza. Perfino l'architettura del Dopoguerra, quella della speculazione edilizia degli anni '50, che permette alla conca di Chiaia e di Posillipo, quando si fa sera, di diventare una poesia per via di tutte quelle luci dei balconi – quelli che io nei miei libri ho chiamato «i centomila balconi» – che si aprono all'unisono su una delle quattro baie più belle del mondo è architettura.

Ha detto che un discorso a parte andrebbe fatto per la rappresentazione dei progetti raccolti in questo libro. Cosa ne pensa?

Mi diverte molto la rappresentazione di questi studenti, perché non è alla moda, se ne frega, usa colori "sparati" ed è potentissima. Quindi, per me, questi esiti di Fallacara sono esiti di uno che se ne frega di stare nel vento.

Sono particolarmente contenta di questa considerazione, perché alla rappresentazione ci teniamo particolarmente. Abbiamo seguito molto i ragazzi da questo punto di vista.

Non ci sono filtri, non c'è delicatezza, c'è poca postproduzione o, se c'è, non si vede. Si vede che non ha voglia di essere fotorealistica, spara fino all'impossibile, con questi cieli buttati giù come se non ci fosse un domani, però è bella. Lavorate col *trash*, che è molto bello, nessuno lo fa.

Cherubino Gambardella, *Un altro pianeta Terra 1.*

Cherubino Gambardella, *Un altro pianeta Terra 2.*

Ofanto

Lorenzo Scaraggi - giornalista, storyteller e videoreporter

Pomeriggio estivo.

Le cicale riempiono l'aria del loro canto e il giallo dell'erba secca riempie di calore quelle note mediterranee.

Attraverso il ponte romano e scendo verso la riva del fiume mentre un pigro e lento sciabordio in lontananza inizia ad attirare i miei passi.

Ad attendermi c'è Carmine, canosino, innamorato della propria terra ma soprattutto fedele e devoto amante del proprio fiume: l'Ofanto.

Carmine mi aiuta a salire a bordo della sua canoa. Iniziamo e pagaiare e insieme ai segni che i remi lasciano nell'acqua, i ricordi di Carmine iniziano a spingere il nostro scafo e, come cerchi concentrici, iniziano a scavare nel passato.

Carmine ricorda quando, da bambino, l'Ofanto era il fiume di chi non poteva andare al mare, meta di gite fuori porta a pochi chilometri da casa.

I tuffi di quei bambini provetti nuotatori, avvezzi a un'acqua non facile quanto il mare diventano balzi nel passato e mi battezzano di pensieri desueti.

Torno indietro alle tavole imbandite di pane e pomodoro su tovaglie casalinghe a bordo del fiume, e poi ancora indietro, a quando il fiume era un riferimento geografico, povera strada per gente che scendeva a valle.

Le parole di Carmine sono maieutiche di pensieri remoti, che galleggiano placidi, insieme ai cadaveri dei soldati romani, morti a centinaia nella battaglia di Canne.

Oggi abbiamo difficoltà a concepire un fiume come una realtà geografica, come una strada, un riferimento, un punto cospicuo, un cardine nella topografia dell'esistenza.

Abbiamo perso la capacità di orientamento ancestrale rispetto ai territori che abitiamo.

Attraversare un territorio, farne parte, aveva un significato diverso. I pendii di una valle, gli spalti di una gravina, il dolce incedere di una pianura erano parte dell'andare, dell'essere, del trovarsi, del ritrovarsi in un luogo.

Gli uomini vissuti fino a qualche generazione fa avevano un rapporto diverso con il territorio.

Strade consolari, tratturi e prima ancora sentieri facevano parte del quotidiano, della propria sopravvivenza.

Un territorio esisteva in funzione della possibilità di viverlo, di attraversarlo, soprattutto.

Lungo le strade si muovevano merci, idee, innovazioni, eserciti, pellegrini, viandanti.

I fiumi erano parte integrante di queste reti neurali che nella testa degli uomini costituivano punti di riferimento vitali.

Lungo i fiumi ci si spostava, si fondavano villaggi, si creavano presupposti di vita e grazie ai fiumi si sopravviveva.

E i fiumi erano anche divinità, fulcro di mitologia, fonti fondamentali di crescita.

Nella nostra Puglia benedetta dal sole ma avida di acqua anche Federico II, lo *stupor mundi*, puniva severamente, nelle sue Costituzioni melfitane, quelli che non rispettavano i fiumi.

Oggi quelle reti neurali hanno cambiato aspetto.

Le strade tagliano qualunque tipo di territorio, come lame affilate irrispettose dei luoghi nei quali si dipanano e gli uomini non fanno caso ai tappeti di vissuto che quelle strade attraversano.

Non sappiamo più leggere il territorio, comprendere il perché della fondazione di un borgo, capire che un luogo è figlio di una coincidenza plasmata dal movimento delle placche.

E allora ben vengano i progetti, i sogni, i luoghi del vivere comune che integrano al tempo stesso uomini e fiumi, ponti e foreste, terme e nidi sugli alberi.

Ben vengano i progetti di chi sa rendere un fiume fulcro di nuovi modi di pensare al territorio, al tempo stesso innovativi eppure radicati nell'ancestrale bisogno di sapere che un corso d'acqua può colorare nuovi corsi di pensiero e non solo il display di un navigatore satellitare.

Ben venga il profumo di una ninfea sotto le finestre di un eremo, il rumore dei ciottoli come sottofondo di nuovi e al tempo stesso antichi modi di pensare all'abitare. Altrimenti, il corso è segnato, non sapremo più cosa farcene di un fiume.

PROGETTI

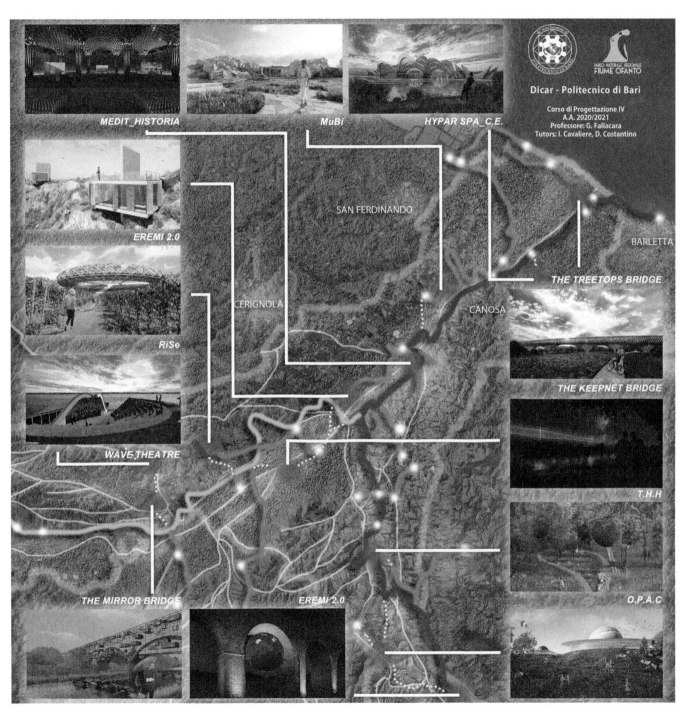

MEDIT_HISTORIA

MuBí

HYPAR SPA_C.E.

Dicar - Politecnico di Bari

PARCO NATURALE REGIONALE
FIUME OFANTO

Corso di Progettazione IV
A.A. 2020/2021
Professore: G. Fallacara
Tutors: I. Cavaliere, D. Costantino

EREMI 2.0

SAN FERDINANDO

BARLETTA

THE TREETOPS BRIDGE

RiSe

CERIGNOLA

CANOSA

THE KEEPNET BRIDGE

WAVE THEATRE

T.H.H

O.P.A.C

THE MIRROR BRIDGE

EREMI 2.0

31

Fotomontaggio dei progetti sull'opera *Sulle rive dell'Ofanto* di Giuseppe De Nittis, olio su tela, 1867, Galleria d'Arte Moderna, Palazzo Pitti, Firenze.

MEDIT_HISTORIA

Centro di Meditazione & Museo del Ponte Romano sull'Ofanto

Studenti:
Andrea Arezzo
Davide Cannone
Rita De Giglio
Vincenzo Di Bari
Andrea Dileo
Impagnatiello Ilaria

Dall'idea al progetto

Il progetto si pone l'obiettivo di dare nuova linfa al Ponte Romano sull'Ofanto e tutelarne l'importanza e il valore storico, lasciandolo come unico elemento architettonico dominante sul paesaggio. Per garantire il ruolo da protagonista del Ponte Romano, il progetto si inserisce in punta di piedi nell'area facendo dei tagli nell'acqua e nella terra, che ospiteranno al loro interno la costruzione di un Centro di Meditazione dedicato alla Spiritualità laica e di un Museo del Ponte Romano, inteso come luogo dove conservare ed esporre oggetti legati al patrimonio storico romano del territorio. Inoltre si intende valorizzare la zona circostante attraverso la riqualificazione delle aree naturali lungo il fiume Ofanto e si dedica particolare attenzione alle aree più vicine ai campi coltivati e ai frutteti, al fine di tutelare i collegamenti ciclo-pedonali già esistenti e i nuovi percorsi che portano agli scavi dei nuovi edifici.

The project aims to give new life to the Ponte Romano sull'Ofanto and to protect its importance and historical value, leaving it as the only architectural element dominating the landscape. To guarantee the leading role of the Roman Bridge, the project intervenes in the area by making cuts in the water and in the earth that will host the construction of a Meditation Center dedicated to secular Spirituality and a Museum of the Ponte Romano. They are all intended as places to store and exhibit objects related to the Roman historical heritage of the area. Furthermore, the intention is to enhance the surrounding area through the redevelopment of natural areas along the Ofanto River and particular attention is paid to the areas closest to the cultivated fields and orchards, in order to protect the existing cycle-pedestrian connections and the new paths that lead to the excavations of new buildings.

Fig. 1. Concept di progetto liberamente tratto dall'opera *Fanciulla pensierosa agli Scavi di Pompei* del 1865 di Filippo Palizzi, conservato in una collezione privata.

Analisi dell'area

La zona a ridosso del Ponte Romano sull'Ofanto si presenta con varie criticità, soprattutto legate da un lato allo stato di abbandono del verde lungo l'argine del fiume e dall'altro lato la messa a coltura delle aree di pertinenza fluviale, con conseguenti fenomeni di erosione, esondazione e alterazione del trasporto solido alla foce, elementi che, sommati, alterano notevolmente l'ecosistema del fiume e mettono a rischio la sua unicità. Il fenomeno dell'erosione è particolarmente legato alla realizzazione di numerosi invasi sullo stesso corso, molto presenti nell'area di progetto, finalizzati alla regolazione ed utilizzazione dei flussi d'acqua. Inoltre, a causa della mancata tutela della zona, si evince la totale impossibilità di accesso ad aree lungo gli argini fluviali e il passaggio da una sponda all'altra del fiume Ofanto.

Il patrimonio architettonico e storico rappresentato dal Ponte Romano non è valorizzato nella maniera giusta, poiché mancano veri e propri collegamenti ad esso: non è possibile raggiungere il Ponte Romano dalle zone limitrofe al fiume, ma solo da collegamenti stradali. In questo modo il Ponte Romano, nonostante la sua enorme capacità a fini paesaggistici come punto di osservazione privilegiato del fiume e del suo ecosistema o potenziale punto panoramico all'interno del paesaggio del Parco Naturale dell'Ofanto, rischia di perdere la sua unicità. Si tratta di un'area caratterizzata dalla forte presenza dell'uomo attestabile anche da ampie zone edificate in aree sensibili nella zona costiera.

Figg. 2-3-4-5. Localizzazione e vedute del Ponte Romano sull'Ofanto

Fig. 6 Masterplan d'area di progetto

Centro di Meditazione

Il primo taglio, quello effettuato nell'acqua, è l'edificio del Centro di Meditazione per il ritiro spirituale laico del Ponte Romano. L'edificio è situato all'interno di un'ansa ottenuta allagando una zona nell'immediata vicinanza del Ponte.
L' accesso è garantito da una lunga passerella che lo collega alla riva e alla zona dell'Infopoint. Sono presenti ampie vetrate che permettono la vista del Ponte e della natura dell'Ofanto. L'interazione fra l'edificio e il fiume avviene tramite una discesa che permette all'acqua di scorrere per poi finire in un sistema di canali e turbine che non solo rigettano l'acqua all'interno del suo normale flusso, ma permettono anche la produzione di energia elettrica.

Si tratta di un luogo dalle caratteristiche estremamente intime, che ha a cuore la spiritualità del visitatore, che può dedicare parte della sua giornata alla meditazione o allo yoga, con una vista privilegiata, quella del Ponte Romano. Il tentativo è stato, infatti, quello di associare la meditazione laica ad una spiritualità storica: una meditazione che riporta al mondo degli antichi romani e al patrimonio che hanno lasciato sul territorio. Per quanto riguarda l'arredo, si è scelto di mantenere uno stile *minimal*, nell'ottica in cui la sfera della meditazione e della spiritualità non necessitano di spazi particolarmente ricchi di arredo. L'edificio è inoltre dotato di due salette pensate per sedute di meditazione di gruppo.

Figg. 7-8-9. Sezione e viste del Centro di Meditazione

Figg. 10-11-12 Viste del Centro di Meditazione

Museo del Ponte Romano

Il secondo taglio nella terra ospita il Museo del Ponte Romano. L'edificio del museo è composto da una scatola vetrata sorretta da una struttura parametrica e reticolare in acciaio che riprende la scansione degli archi del Ponte Romano sull'Ofanto, composta da tre ordini diversi di travi a doppia curvatura che convergono in pilastri a fungo. All'interno del museo sono presenti teche in pietra di apricena che contengono cimeli risalenti agli antichi Romani, segni della loro dominazione sul territorio; sui lati è possibile osservare dei pannelli con foto che ripercorrono la storia del Ponte Romano. L'edificio, tuttavia, non occupa tutta l'area dello scavo, ma è presente uno spazio di camminamento che costeggia il perimetro dotato di sedute. Lo scavo è accessibile tramite una lunga passerella che collega il Museo alla zona dell'Infopoint. Si tratta di uno scavo più profondo rispetto a quello della zona dell'Infopoint, in quanto si vuole rimarcare il suo carattere più chiuso rispetto all'altro, pensato come luogo di aggregazione e, pertanto, dal carattere più aperto e meno profondo. Le pareti sono lasciate del materiale originale, ossia la pietra viva della zona, secondo un'ottica di essenzialità e di razionalità ispirata dalle costruzioni degli antichi romani. La continuità con le forme antiche di costruzione, è ripresa inoltre dalla scatola vetrata che contiene il Museo, dalle caratteristiche semplici e lineari, composta da pannelli vetrati di forma rettangolare sorretti da giunti a ragno e pilastri sottili in cristallo. La struttura è integralmente trasparente e, contrariamente alla struttura tipica di un museo, invita lo spettatore ad entrare, come se si trovasse in un sito archeologico all'aria aperta mentre gli scavi sono in corso. Pertanto i materiali sono scelti anche in base alla connessione con questa esperienza di visita. In contrasto alle elevate temperature climatiche, soprattutto quelle estive, che provocherebbero un effetto serra all'interno degli spazi del Museo, si è pensato sia a soluzioni geotermiche che all'utilizzo di vetri a doppia camera, ad alte prestazioni energetiche, che filtrano il calore entrante nell'edificio.

42

Fig. 13 Vista del Museo del Ponte Romano

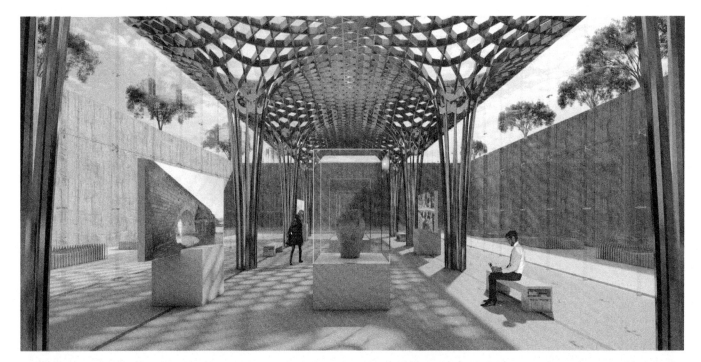

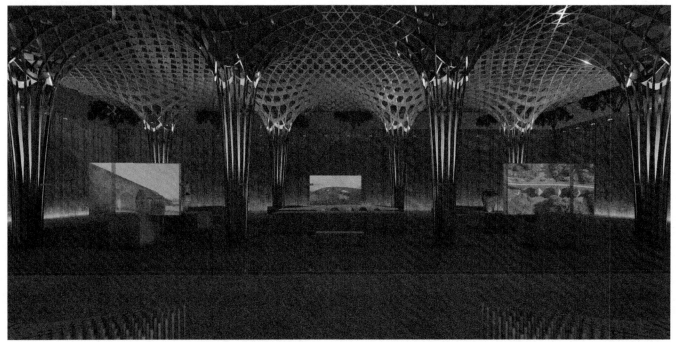

Figg. 14-15-16-17-18 Viste del Museo del Ponte Romano

Infopoint

L'edificio dell'Infopoint riprende le caratteristiche del Museo del Ponte Romano, in quanto analogo nella struttura della scatola vetrata (con pilastri e travi in cristallo) che, tuttavia, in questo caso è doppia, con un sistema di muro tipo *Trombe-Michel* con intercapedine di 90 cm, che le dà l'aspetto di "scatola fatta d'aria". Le caratteristiche principali sono l'essenzialità del vetro e le sue prestazioni energetiche, nonché la capacità di dialogo con la natura circostante attraverso la sua mimesi nello spazio. Lo scavo che contiene l'edificio ha carattere aperto, in quanto è pensato non solo come luogo di aggregazione pubblica, ma anche come luogo di snodo all'intero complesso architettonico del Ponte Romano: infatti contiene i collegamenti al Museo e al Centro di Meditazione. Inoltre, vi sono conservati cimeli risalenti alla dominazione degli antichi Romani sul territorio, come basi di colonne. L'Infopoint è raggiungibile dalla zona dei parcheggi e dalle zone verdi esterne agli scavi attraverso una larga scalinata.

Figg. 19-20-21 Viste dell'Infopoint

I PONTI DELL'OFANTO

Connettere il Parco dell'Ofanto

Studenti:

Italo Boccuto

Alessia D'Alessandro

Nicole Moraglia

Andrea Sgherza

Giuseppe Tota

Alessandro Urso

Fabio Violante

Parte di un progetto più grande

Il Parco Naturale Regionale del Fiume Ofanto è compreso nel Piano Regionale della Mobilità Ciclistica della Regione Puglia (PRMC): l'obiettivo consiste nel creare una rete ciclabile regionale continua, estesa su tutto il territorio, tesa a promuovere l'uso della bicicletta come mezzo di trasporto sostenibile e sicuro, sia in ambito urbano che extraurbano. L'intero itinerario fa riferimento a percorsi extraurbani di lunga percorrenza che attraversano luoghi di valore ambientale, paesaggistico, culturale e turistico. Una scelta progettuale che porta non solo a valorizzare quelli già esistenti (circa il 90%) e a privilegiare le strade a basso traffico, ma, soprattutto, a promuovere azioni di conservazione e gestione del patrimonio naturale e culturale. Ciò permette all'intero sistema della mobilità dolce di connettersi in un sistema di rete esistente più ampio: Bicitalia ed Eurovelo (Ciclovia dei Borboni, Adriatica, Francigena e dell'Acquedotto).

Per intensificare la mobilità ciclopedonale e il sistema degli attraversamenti del fiume, si è deciso di realizzare tre ponti, ciascuno dei quali posto strategicamente nelle tre diverse valli del Parco Naturale Regionale del Fiume Ofanto. In un ipotetico itinerario è, quindi, possibile osservare il succedersi di diversi paesaggi che costeggiano il percorso del fiume.

The Regional Park of the Ofanto River is included in the regional cycling mobility plan of the Puglia Region (PRMC): In order to intensify cycle and pedestrian mobility and the system of river crossings, it was decided to build three bridges, each strategically placed in the three valleys of the Natural Park of the Ofanto River. In a hypothetical itinerary it is therefore possible to observe the succession of different landscapes that line the river's path.

Fig. 1. Concept di progetto liberamente tratto dall'opera *Veduta di Ponte Vecchio, Firenze* di Antonietta Brandeis, del 1870, collezione privata.

FOGGIA

ORTA NOVA

SAN FERDINANDO

CERIGNOLA

THE KEEPNET BRIDGE

THE MIRROR BRIDGE

LAVELLO

Fig. 2 - Localizzazione dei progetti.

THE TREETOPS
BRIDGE

BARLETTA

OSA

ANDRIA

CORATO

TERLIZZI

RUVO

BITONTO

PUNTI di INTERESSE   CICLOVIA della
                            valle dell'Ofanto

AREE di PROGETTO

                            Nuovi percorsi

                            GREENWAY_Acquedotto

PARCO NATURALE REGIONALE
FIUME OFANTO

Analisi dell'area

L'Ambito della Valle dell'Ofanto è costituito da una porzione ristretta di territorio che si estende parallelamente ai lati del omonimo fiume in direzione SO-NE, che dalla Basilicata attraversa longitudinalmente il territorio pugliese per poi sfociare nel Mar Adriatico, poco più a Nord di Barletta. Questo patrimonio degno di tutela e salvaguardia, copre una superficie di 88.700 ha di cui l'8% è costituito da aree naturali. Il regime idrologico è tipicamente torrentizio, caratterizzato da prolungati periodi di magra, a cui si associano brevi ma intensi eventi di piena, soprattutto nel periodo autunno-invernale.

La valle presenta una capacità d'uso dei suoli diversificata a seconda delle caratteristiche morfologiche e idrologiche del bacino. A tal proposito, infatti, essa si divide in:

• BASSA VALLE DELL'OFANTO
Il paesaggio agricolo è caratterizzato da una fitta trama a vigneti e colture arboree specialistiche, come frutteti e oliveti, che occupa l'intera valle fino ad arrivare in prossimità del mare. Il fiume, circondato da terreni coltivati, è percepibile solo a tratti a causa della folta vegetazione spontanea che si sviluppa lungo le sponde. La valle, in questo punto, presenta un versante più ripido sulla destra e più basso sulla sinistra, per poi diventare pianeggiante in corrispondenza della fascia costiera.

• MEDIA VALLE DELL'OFANTO
Questo tratto del fiume presenta un percorso più sinuoso e il profilo asimmetrico della valle si inverte. Il paesaggio agricolo passa dal mosaico di alternanza vigneto-frutteto-oliveto a quello della monocultura cerealicola. La vegetazione spontanea è composta da pioppi, salici ed olmi, oltre a fitti canneti ed a vegetazione tipicamente palustre.

• ALTA VALLE DELL'OFANTO
Presenta elementi di maggiore naturalità sia per la vegetazione ripariale che per l'alveo fluviale, con minori elementi di trasformazione e sistemazione idraulica. La vegetazione, infatti, è composta prevalentemente da boschi di querce, frassini, pioppi e salici.

Le azioni antropiche sul parco naturale contribuiscono a impattare la continuità naturale del sito e ad incrementare le condizioni di rischio idraulico, laddove le stesse interessano le aree immediatamente prospicienti le sponde del fiume. Le occupazioni agricole tendono a spingersi quasi fin sopra gli argini, intaccando la vegetazione ripariale sporadica e le poche aree residue di bosco presenti e invadendo le aree di rispetto del fiume, con conseguenti fenomeni di erosione e alterazione del paesaggio, di degrado della zona naturale con l'inquinamento delle acque, dovuto a scarichi civili e industriali abusivi, e l'impoverimento della portata idrica per il prelievo di acqua per l'irrigazione.

Il prezzo maggiore lo pagano le numerose specie acquatiche, mammifere e di uccelli migratori, come la cicogna nera e la Lontra, ritenute specie rare e in via di estinzione, che abitano il parco.

Figg. 3-4. Vedute su aree di Bassa e Alta Valle dell'Ofanto.

54

Stato di fatto

I tre ponti progettati sono localizzati in tre diverse zone del Parco Naturale Regionale del Fiume Ofanto. Si tratta di zone distanti diversi chilometri ma connesse grazie a una rete ciclopedonale regionale, progettata per favorire la mobilità sostenibile, non solo in ambiti urbani ma anche extraurbani. La prima località è situata nei pressi di Barletta, nella bassa valle dell'Ofanto, ed è denominata "Cittiglio". E' pianeggiante, circondata da campi coltivati con fitte trame di vigneti e oliveti e ricca di vegetazione ripariale. Come è stato possibile notare dal sopralluogo, era probabilmente un luogo destinato alla costruzione di un ponte mai realizzato, di cui, allo stato di fatto, sono visibili solo le due spalle.

La seconda località è situata nell'alta valle dell'Ofanto ed è denominata "Moschella". Inglobata all'interno del comune di Cerignola (FG), è conosciuta per la presenza di un ponte carrabile di collegamento con la Strada Provinciale 143, realizzato ma mai terminato. Di esso, infatti, sono ancora ben visibili i piloni in calcestruzzo armato e l'impalcato con, alle due estremità, paletti verticali in acciaio per pannelli di protezione. La zona, pianeggiante, è lontana dal centro urbano e ha un carattere naturalistico. Essa è caratterizzata dalla presenza di vegetazione spontanea lungo le rive del fiume ed è circondata da una serie di campi incolti.

Infine l'ultima località, non molto distante dalla città di Lavello, al confine tra Puglia e Basilicata, è quella caratterizzata dalla presenza del ponte canale storico dell'Acquedotto Pugliese. Si tratta di un ponte realizzato con piloni in calcestruzzo armato che sostengono una struttura scatolare, interamente in mattoni, che doveva contenere i canali di trasporto delle acque. All'esterno degli archi si diramano dai piloni per l'intera lunghezza del ponte, conferendogli un carattere monumentale. L'ambiente presenta un rilevante salto di quota, riscontrabile dalla differenza di altezza presente tra le due sponde, ulteriormente confermata dalla presenza, in prossimità delle spalle, di un differente numero di rampe di scale. L'ambiente è caratterizzato prevalentemente da vegetazione spontanea, lungo gli argini del fiume, che sono rinforzati con sistemi di sbarramento, realizzati tramite griglie metalliche. Infine, nel fiume vi sono delle barriere frangiflutti, utili a contrastare l'intensità della corrente fluviale.

Figg. 5-7. Località Cittiglio, Moschella e Ponte canale storico AQP.

THE TREETOPS BRIDGE

Località Cittiglio (BT)

Dall'idea al progetto

L'area di progetto all'interno della quale si è pensato di collocare il primo ponte è situata in località Cittiglio. Non lontana dal centro di Barletta e inglobata nel Parco Naturale Regionale del Fiume Ofanto, si tratta di una zona, pianeggiante, in cui era prevista in passato la costruzione di un ponte. Il progetto ha l'obiettivo di ricollegare le due sponde del fiume e di potenziare la viabilità ciclo-pedonale. Per la struttura si è cercato di riprodurre l'intreccio di una ragnatela e di utilizzare un materiale che riuscisse a mimetizzarsi il più possibile con il contesto naturale. Elementi verticali formano archi e sostengono una passerella in legno, coperta da una volta a botte, composta dall'incrocio degli elementi tubolari. Circondato da campi coltivati e ricca di vegetazione sulle rive, il ponte rappresenta il punto da cui è possibile godere del panorama naturale circostante.

The project area, within which it was decided to place the first bridge, is located in Cittiglio. Not far from the centre of Barletta and incorporated in the Regional Natural Park of the Ofanto River, this is a flat area where the construction of a bridge was planned in the past. The project aims to reconnect the two banks of the river and to enhance the cycle-pedestrian traffic. For the structure, an attempt was made to reproduce the interweaving of a spider's web and to use a material that could blend in as much as possible with the natural context. Vertical elements form arches and support a wooden walkway, covered by a barrel vault, composed of the intersection of the tubular elements. The bridge, which is surrounded by cultivated fields and rich in vegetation on the banks, represents the point from which it is possible to enjoy the surrounding natural landscape.

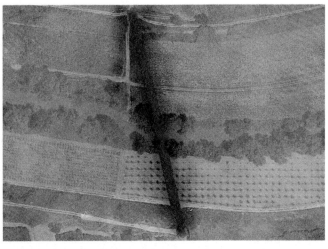

Figg. 8-10. Idea di progetto, Masterplan e Vista del Treetops Bridge.

58

Figg. 11-12. Viste generali del Treetops Bridge

Fig. 13. Vista interna del Treetops Bridge

Il progetto e i dettagli costruttivi

Il progetto per la realizzazione del *Treetops bridge*, in località Cittiglio (BT), nasce dall'idea di coniugare architettura e natura in una simbiosi perfetta, come dimostrato dalla vegetazione che risale lungo l'intera struttura fino ad avvolgerla. Non a caso la scelta dei materiali ricade sull'acciaio corten e sul legno, poco invasivi e capaci di creare un rapporto mimetico con la natura che caratterizza il sito. Il primo viene utilizzato per realizzare l'intera struttura, costituita da un intreccio di elementi tubolari che partono dai sostegni verticali per poi andare a coprire, con una volta a botte, la passerella, realizzata interamente in legno, materiale ecosostenibile. La struttura presenta dei sostegni verticali collegati tra loro da archi ellittici con luci digradanti a partire dal centro, in corrispondenza del fiume, che sostengono l'impalcato. Quest'ultimo, una struttura orizzontale che sorregge il piano viabile, è costituito da una struttura portante con orditura di tre travi principali, che corrono lungo l'asse longitudinale, e una serie di travetti disposti trasversalmente. I piloni hanno fondazioni costituite da plinti in cemento armato sommersi nel terreno, a cui sono ancorati tramite bullonature. Il ponte è una struttura tubolare i cui singoli elementi sono saldati gli uni agli altri senza soluzione di continuità. L'intersezione di questi elementi genera un pattern di rombi che garantiscono la resistenza alle sollecitazioni di compressione, a cui è sottoposto il ponte, e consentono anche lo scarico delle forze agenti nel terreno.

Effetti particolari si creano nelle ore diurne: quando il sole è in posizione zenitale si genera la proiezione dell'intreccio sulla passerella. Nelle ore notturne, invece, il ponte è illuminato da luci a led sia disposte in sequenza lungo l'intera passerella, a incasso nel pavimento, sia puntiformi, posizionate all'interno dei piloni. Si tratta di luci con luminosità regolabile, che hanno un minimo impatto a livello visivo ed energetico.

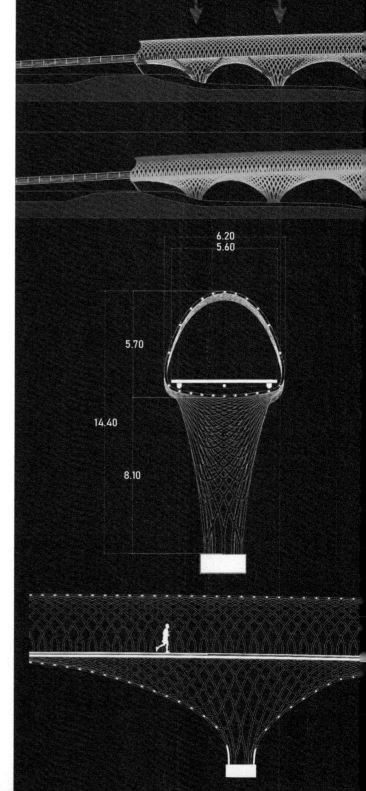

Fig. 14. Dettagli costruttivi del Treetops Bridge

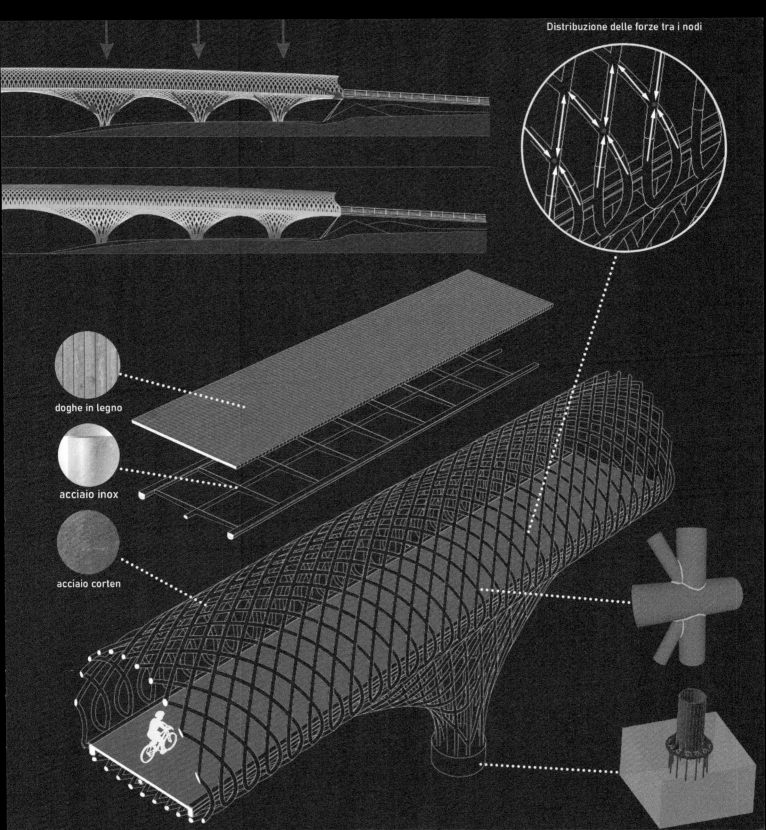

Distribuzione delle forze tra i nodi

doghe in legno

acciaio inox

acciaio corten

THE KEEPNET BRIDGE

Località Moschella (FG)

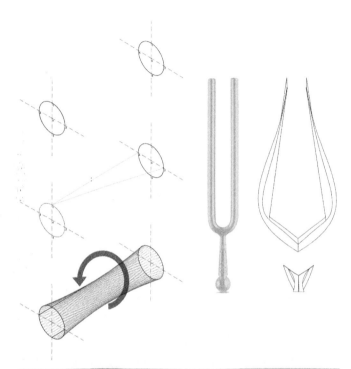

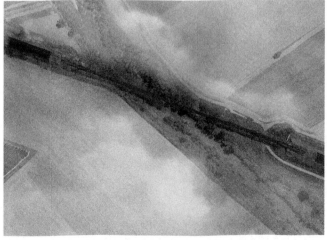

Figg. 15-17. Idea di progetto, Masterplan e Vista del Keepnet Bridge

Dall'idea al progetto

The Keepnet Bridge, in località Moschella, è stato progettato su un attraversamento carrabile preesistente, non ultimato, che era stato realizzato come collegamento con la SP143. Si è pensato di demolirlo per ricostruire un nuovo ponte strallato a una campata, in modo da garantire la continuità dell'ambiente naturale sottostante. Si tratta di un tipo di ponte sospeso in cui la passerella è retta da una serie di cavi (gli stralli) disposti in maniera radiale all'esterno di elementi distanziatori circolari, ancorati a piloni (o torri) di sostegno. Le pile, disposti alle due estremità, sono state realizzate con richiamo allo strumento del diapason, costituito da due braccia, a cui sono ancorati i cavi, e una base nel terreno. L'intreccio dei cavi riproduce quello di una nassa da pesca: si genera un'unica struttura tubolare tesa, leggera, ma allo stesso tempo in grado di annullare le forze orizzontali del vento. La struttura è realizzata in gran parte in acciaio corten con passerella in legno e cavi in fibra di carbonio.

The Keepnet Bridge, in the Moschella area, was designed on a pre-existing vehicle crossing which has never been completed. It was decided to demolish it and to rebuild a new one-span cable-stayed bridge, in order to ensure the continuity of the natural environment below. It is a type of suspension bridge in which the walkway is supported by a series of cables (the stays), arranged radially on the outside of circular spacer elements, anchored to support pillars (or towers). The piles, arranged at both ends, were made referring to the instrument of the tuning fork, consisting of two arms, to which the cables are anchored, and a base in the ground. The intertwining of the cables reproduces that of a fishing keepnet: a single tubular structure is generated, taut, light, but at the same time able to cancel the horizontal forces of the wind. The structure is largely made of corten steel with a wooden walkway and carbon fiber cables.

Figg. 18-20. Viste del Keepnet Bridge.

Il progetto e i dettagli costruttivi

Il progetto per la realizzazione del *Keepnet Bridge*, in località Moschella, nasce dall'idea di sostituire un' architettura esistente tramite l'uso di materiali più leggeri e poco invasivi. Si tratta di un ponte sospeso basato sull'intreccio di due nasse: una esterna, principale, collegata direttamente ai sostegni verticali (pile) della struttura, e una interna, collegata a sua volta a quella esterna. Queste nasse sono costituite da cavi realizzati con funi spiroidali in fibra di carbonio o OSS (Open Spirals Strands), avvolti ad elica attorno al nucleo centrale. Si tratta di un materiale dotato di un'elevata resistenza a rottura e usura. Questi cavi saranno poi disposti, in maniera radiale, in fori esterni praticati sull'estremità di anelli distanziatori, di diametri diversi e in acciaio corten, che garantiscono il distanziamento dei cavi della struttura portante, definendone anche la geometria. In alcuni punti questi elementi raddoppiano, generando un anello concentrico all'interno, legato a quello esterno tramite cavi in tensione. In questi anelli distanziatori sono previsti gli appoggi in acciaio per il montaggio della struttura della pedana, interamente in legno.

Da un punto di vista statico, nel sistema progettato le forze di trazione e di compressione sono in equilibrio. Questo accade perché le pile mantengono i cavi principali e scaricano le forze di compressione direttamente sul terreno, mentre i tiranti contrastano le forze orizzontali del vento.

Nelle ore notturne il ponte è fruibile grazie alla presenza dell'illuminazione artificiale: luci a led sono inserite, in maniera concentrica, nell'intradosso degli anelli distanziatori, per garantire un illuminazione omogenea dell'intero sistema.

66

Fig. 21. Dettagli costruttivi del Keepnet Bridge.

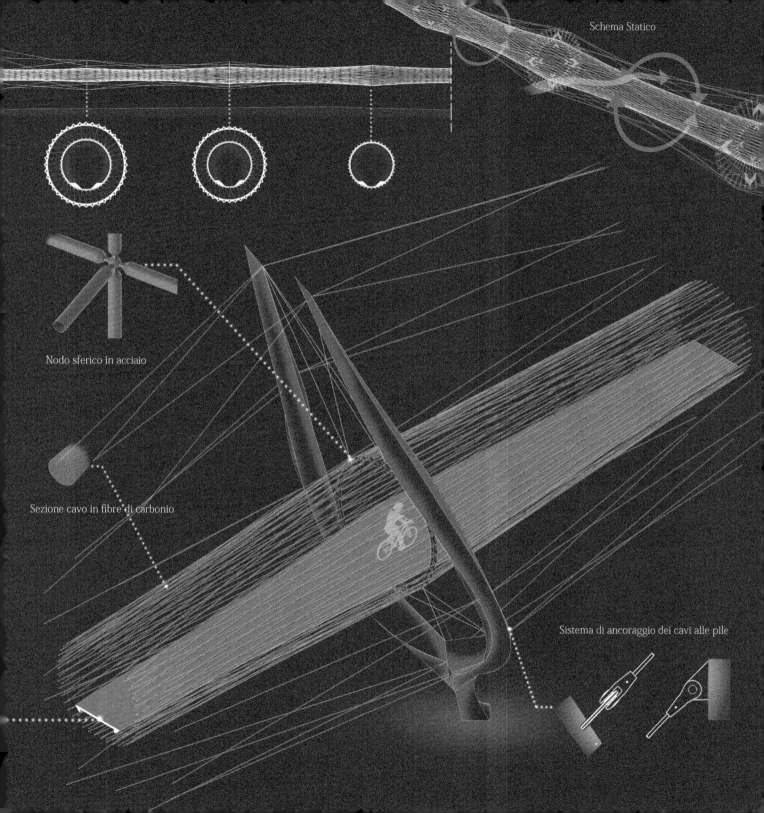

Schema Statico

Nodo sferico in acciaio

Sezione cavo in fibre di carbonio

Sistema di ancoraggio dei cavi alle pile

THE MIRROR BRIDGE

Ponte canale storico AQP

Dall'idea al progetto

Al confine tra la Puglia e la Basilicata si trova *The Mirror bridge*. Si tratta di un progetto teso alla riqualificazione e rifunzionalizzazione del ponte canale storico AQP. La struttura è stata in gran parte preservata e trasformata in un museo archeologico. Gli archi in calcestruzzo armato fanno da cornice a una struttura scatolare scandita da una serie di *bow window* disposte in maniera casuale, che consentono il passaggio della luce all'interno e anche la possibilità di osservare il panorama naturalistico esterno. L'intera struttura è rivestita da lastre di specchi, sorrette da telai metallici, che permettono di mimetizzare la struttura originale all'interno dell'ambiente circostante, grazie agli effetti di riflessione. Gli specchi proseguono oltre la struttura scatolare, andando a creare, in corrispondenza del solaio di copertura, una sorta di corridoio semi-coperto da teli, accessibile tramite botole, sul quale è possibile sostare per godere del panorama.

On the border between Puglia and Basilicata there is The mirror bridge. *This is a project aimed to the redevelopment and re-functionalization of the historic AQP canal bridge. The structure has been largely preserved and transformed into an archaeological museum. The reinforced concrete arches frame a box-like structure marked by a series of bow windows arranged in a random way, which allow the passage of light inside the environment and also the possibility to observe the external natural landscape. The entire structure is covered with mirror plates, supported by metal frames, which allow the original structure to be camouflaged within the surrounding environment, thanks to the reflection effects. The mirrors continues beyond the box-like structure, and it creates, in correspondence with the roof slab, a sort of corridor semi-covered by sheets and accessible through hatches, on which it is possible to halt and enjoy the view.*

Fig. 22.24. Idea di progetto, Masterplan e Vista Mirror Bridge

Figg. 25-26. Viste del Mirror Bridge

Fig. 27. Vista interna del Mirror Bridge

Il progetto e i dettagli costruttivi

Il progetto per la realizzazione del *Mirror Bridge*, nelle vicinanze di Lavello (Basilicata), nasce dall'idea di recuperare un' architettura esistente, riducendone l'impatto e dotandola di una nuova destinazione d'uso. Si tratta di una struttura con parti portanti realizzate in calcestruzzo armato: sostegni verticali, archi – a cui si aggancia un sistema di travetti orizzontali e trasversali – e solai, che appartengono alla struttura interna scatolare in mattoni. Quest'ultima, in modo particolare, è stata rivestita esternamente da lastre di specchi, tutti di uguale dimensione, che si ancorano alle tamponature tramite telai e lastre in acciaio, grazie all'uso di chiodature di fissaggio. Nello stesso materiale, il vetro, sono realizzate le finestre che sono disposte in maniera irregolare sulle facciate esterne della costruzione. Queste, grazie alle diverse forme, danno dinamismo al ponte e consentono il passaggio di luce all'interno dell'ambiente museale. Gli specchi, dunque, permettono di nascondere la costruzione originale mantenendo la continuità col verde circostante, grazie agli effetti di riflessione, mentre gli elementi vetrati danno anche la possibilità di osservare il paesaggio esterno in punti specifici, in alcuni casi comodamente seduti. Al di sopra della struttura scatolare specchiata si crea un passaggio semi-coperto da teli di materiale impermeabile, agganciati a telai metallici tramite delle corde. Questi teli, disposti in maniera alternata lungo tutto il percorso, consentono il passaggio della luce e fungono da protezione per la zona sottostante in caso di pioggia, che viene convogliata verso l'esterno della struttura, e riparo dai raggi solari.

Da un punto di vista statico, la presenza di archi permette di liberare e caricare le tamponature e gli elementi che si pongono tra questi, in quanto ai carichi principali rispondono gli archi stessi ed in particolare le spalle su cui si impostano.

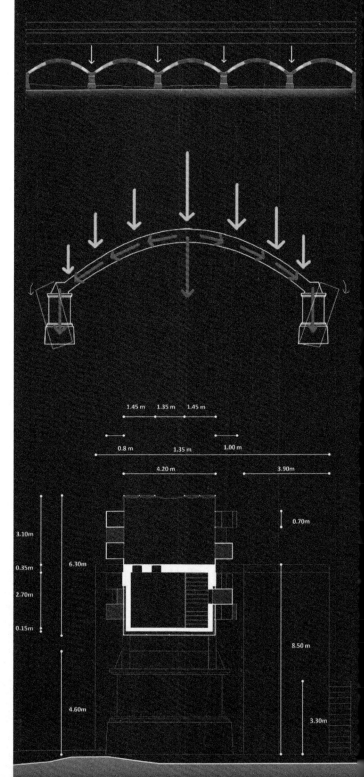

Fig. 28. Dettagli costruttivi del Mirror Bridge.

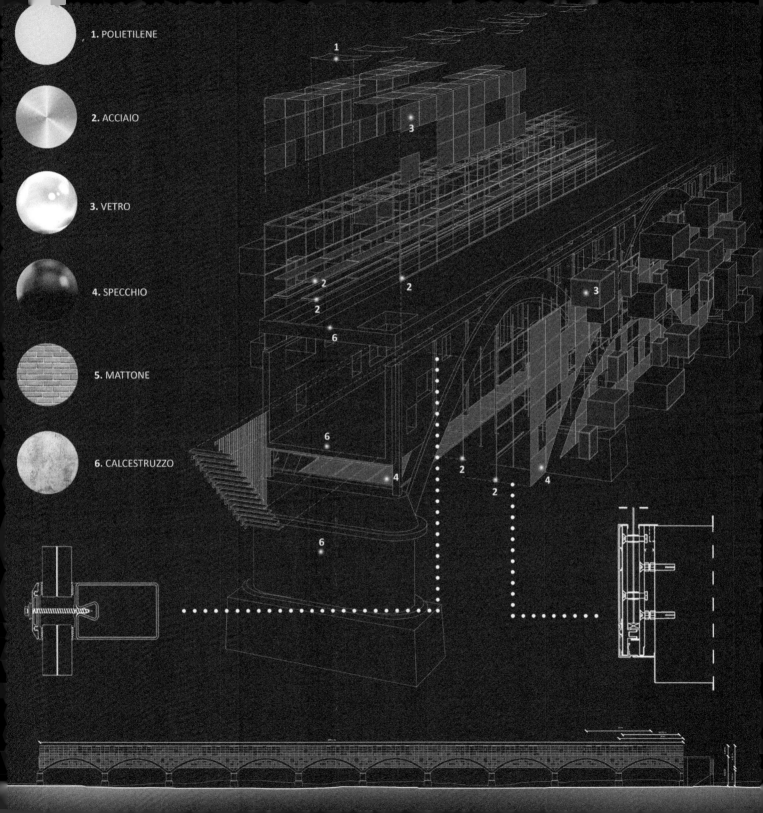

1. POLIETILENE

2. ACCIAIO

3. VETRO

4. SPECCHIO

5. MATTONE

6. CALCESTRUZZO

74

HYPAR SPA_C.E.

Spa e Centro Equestre in località Canne della Battaglia

Studenti:
Tiziana Acquafredda
Luca Caiati
Daniele Carofiglio
Piera Colaninno
Caterina Montanaro
Roberto Cosma Damiano Simone

Dall'idea al progetto

L'area di progetto, collocata nei pressi della località di Canne della Battaglia, è un'area rurale caratterizzata dalla presenza di un ampio bacino artificiale in disuso, attualmente dominato dalla vegetazione spontanea e raggiungibile solo per mezzo di sentieri rurali. Il progetto si propone di conferire un'identità ed una gerarchia all'estesa campagna in cui questa depressione si colloca, donandole vitalità e attrattività. Nell'idea progettuale l'avvallamento del terreno viene utilizzato come bacino idrico, e l'orografia del sito è elemento fondamentale per l'organizzazione degli spazi. Per mezzo di un asse viario, che è anche asse di simmetria dell'intero intervento, si crea un collegamento tra l'area di progetto e le infrastrutture della mobilità poco distanti. Punto di partenza della composizione architettonica è stata la forma della sella, riconducibile alla geometria del paraboloide iperbolico. La proiezione sul suolo di questa forma dà origine ad un'altra forma, la lemniscata, che sta alla base del sistema degli spazi aperti del progetto.

The project area, placed near to the locality of Canne della Battaglia, is a rural area characterized by the presence of a large disused artificial basin, currently covered in spontaneus vegetation and reachable only by trails. The project aims to give the rural area, in which the basin is placed, a new identity and hierarchy. In the design idea, the hollow is used as a reservoir, and the orography of the site is a fundamental element in spaces organization. The project area is connected to the nearby mobility infrastructures by means of a street, which is also the symmetry axis of the entire intervention. The starting point of the architectural composition is the shape of the saddle, due to its similarity to the geometry of the hyperbolic paraboloid. Its projection on the ground generates the lemniscate, which forms the basis of the project's system of open spaces.

Fig. 1. Concept di progetto liberamente tratto dall'opera *Archimede* di Domenico Fetti, del 1620, custodita presso il Museo di Dresda.

Il luogo

Il sito di progetto è collocato in un'area rurale nella quale le colture arboree prevalenti sono vigneti, oliveti, e, in misura minore, frutteti (figg. 3-4). I centri urbani più vicini al sito sono Barletta a nord-est, Andria a sud-est, Canosa di Puglia a sud-ovest e San Ferdinando di Puglia a nord-ovest.

All'interno dell'ambito di paesaggio individuato dal Piano Paesaggistico Territoriale Regionale, la zona si colloca nella Bassa Valle dell'Ofanto ed è ubicata poco distante dal sito archeologico di Canne della Battaglia. Si tratta dei resti dell'antica città di Canne che sorgeva a 54 m di altitudine sopra un'altura posizionata sulla riva destra dell'Ofanto, a 9 km dal mare, e celebre per la famosa Battaglia di Canne. Per la sua orografia il sito costituisce un'importante emergenza visuale caratteristica della Valle dell'Ofanto, infatti si sviluppa su un avamposto strategico tra l'entroterra e il mare. Nei dintorni sono stati inoltre ritrovati i resti di un villaggio, quelli di una necropoli e del complesso termale di San Mercurio. Le indagini archeologiche condotte su quest'ultimo hanno messo in luce una cisterna con il relativo impianto idrico.

L'area di progetto è raggiungibile mediante una strada sterrata percorribile soltanto a piedi, collegata alla strada provinciale 3. Risulta, dunque, indispensabile eseguire interventi di potenziamento del sistema della mobilità al fine di garantire l'accessibilità al sito. A tal proposito, il passaggio della linea ferroviaria nelle immediate vicinanze dell'area progettuale costituisce un'importante potenzialità che può contribuire al conseguimento dello stesso obiettivo. Ad oggi la stazione più vicina è quella di Canne della Battaglia, nei pressi dell'omonimo sito archeologico.

Più nello specifico, una peculiarità della zona di progetto è la presenza di un bacino in disuso (fig. 5), che rende il sito particolarmente interessante in virtù della sua unicità. La condizione orografica del luogo è il punto di partenza di alcune riflessioni, che danno origine al progetto. Tali considerazioni si sono focalizzate sulla collocazione degli edifici, soprattutto in relazione al rischio idraulico che interessa l'area, e sullo studio degli spazi aperti e del collegamento tra di essi.

76

Fig. 2. Collocazione del progetto

Fig. 3. Uliveti nei pressi dell'area di progetto

Fig. 4. Vigneti nei pressi dell'area di progetto

Fig. 5. Bacino idrico in disuso

Fig. 6. Masterplan di progetto

Il progetto

Il polo del progetto, la spa, costituisce la testata dell'asse di simmetria dell'intervento e si colloca sull'altura a ridosso del bacino. Il complesso della spa, con la sua copertura curva, si protende da un lato verso il bacino idrico e dall'altro verso un grande spazio pianeggiante. Su entrambi i lati il trattamento del suolo sembra accogliere la curva della spa e generare una propagazione verso l'esterno.

Nel bacino queste curve vanno a costituire un molo, che consente di passeggiare avanzando sull'acqua, e costituisce l'ormeggio di canoe per attività sportiva e ricreativa.

Dall'altro lato queste curve si diffondono in maniera più complessa, generando una forma chiusa e continua, la quale ospita il maneggio. Quest'ultimo è composto da un edificio, che contiene il campo coperto, e da un campo gara esterno con relativo sistema di gradonate.

Intorno al campo scoperto il disegno del suolo, inizialmente pianeggiante, si modella e si sopraeleva per creare delle gradonate. Dall'altro lato del campo la presenza dell'altura permette, invece, di addossare un sistema di gradonate coperte al servizio degli spettatori.

L'altro spazio racchiuso nel disegno del suolo è l'edificio che ospita il campo coperto. In corrispondenza di quest'ultimo, uno scavo all'interno dell'altura genera uno spazio che accoglie la scuderia.

Il grande spazio del maneggio, collocato in basso rispetto al complesso della spa e al bordo del bacino, si ricollega a questi spazi in altura per mezzo di rampe pedonali che assecondano la geometria fluida del disegno del suolo.

Fig. 7. Schema funzionale

La spa

Il complesso del centro benessere è situato sull'altura che domina l'area rurale circostante, e si protende verso di essa e verso il bacino idrico. L'unità del sistema, composto da tre strutture, è data dal basamento in calcestruzzo. Esso non è monolitico, ma è scomposto in una serie di pilastri a sezione triangolare variabile che si intersecano tra di loro, creando al centro dei passaggi. Le strutture laterali sono grandi spazi a tutta altezza, che ospitano la piscina e le aree a servizio del centro benessere, organizzate in box cilindrici vetrati. La struttura principale, ossia quella di dimensioni maggiori collocata al centro, presenta invece un solaio intermedio retto da puntoni diagonali[1] anch'essi a sezione triangolare variabile. Anche in questa struttura ritroviamo i box vetrati che contengono sauna, bagno turco e area massaggi. Inoltre il collegamento verticale tra piano terra e piano superiore è garantito da un ascensore, che riprende la forma cilindrica dei box.
La forma delle tre coperture deriva dall'applicazione di una serie di operazioni geometriche sulla figura del paraboloide iperbolico. Anche la copertura, come il basamento, si scompone in elementi. Si tratta di travi scatolari curve a sezione triangolare, il cui funzionamento strutturale si basa sull'ammorsamento di pannelli lignei.[2]

Gli spalti

Le gradonate addossate al fianco dell'altura sono ombreggiate grazie alla presenza di coperture, le quali seguono lo stesso principio costruttivo delle altre strutture.

[1] La soluzione è stata ispirata dal museo delle scienze Principe Felipe di Santiago Calatrava.

[2] L'idea di sfruttare la «deformazione elastica del legno per piegare segmenti piatti lungo una curva, per formare una trave scatolare curva» è propria della ricerca TimbRfoldR risultato della tesi master ITECH 2020 dell'Università di Stoccarda, che si propone di «aumentare l'efficienza della costruzione nella fabbricazione, montaggio, trasporto e costruzione».

Fig. 8. Sezione trasversale della SPA

Fig. 9. Prospetto longitudinale del complesso

Fig. 10. Panoramica dal lato del maneggio.

Fig. 11. Panoramica dal lato del bacino.

Lo spazio esterno della spa

Parte integrante del progetto riguarda la realizzazione di spazi esterni di pertinenza del centro benessere. Essi si rivolgono verso il bacino e si pongono in continuità con esso, godendo della sua panoramicità. Il progetto propone un ripristino del bacino idrico, che può essere impiegato per lo svolgimento di attività sportive e per la creazione di una piscina esterna. Quest'ultima è ricavata dalla cavità preesistente e assume forme fluide che richiamano la geometria curva della copertura degli edifici. Spazio di filtro tra l'interno e l'esterno degli edifici è dato dalla presenza di una piattaforma che ospita il piano bar e lascia spazio alle sedute a servizio della piscina. Il limite della piscina è scandito ulteriormente mediante la presenza di pontili che assecondano la forma stessa, ripetendola. Essi permettono di ormeggiare le canoe, e di passeggiare circondati dall'acqua. Il pontile più vicino alla struttura è anche collegato con il percorso in altura su cui si colloca l'edificio, dunque fruibile da chiunque. Il sistema degli spazi esterni nel suo complesso risulta coerente in quanto le forme dei pontili richiamano quelle della lemniscata, che caratterizza l'impianto del maneggio situato sul lato opposto, per mezzo di simmetrie e controsimmetrie.

Fig. 12. Vista dello spazio esterno della spa.

82

Fig. 13. Vista della piscina.

Fig. 14. Vista spazio interno della spa.

Fig. 15. Vista della reception.

Fig. 16. Vista dell'interno del box.

I box interni della spa

Gli spazi a servizio della spa quali sauna, bagno turco e area massaggi sono inseriti all'interno di box cilindrici caratterizzati da un doppio involucro. L'involucro interno assume una forma organica legata alla funzione che assolve, resa possibile grazie all'utilizzo di pannelli lignei. L'involucro esterno, invece, è realizzato in vetro specchiato. Tale scelta risponde a molteplici obiettivi: ha lo scopo di assicurare una condizione di privacy per gli ambienti che lo richiedono, di garantire l'omogeneità delle forme negli spazi interni della spa, e permettere una "mimesi" con lo spazio circostante. Per mezzo della riflessione i box risultano quasi impercettibili, quindi ben integrati, all'interno della grande struttura. Inoltre in questo modo si ottiene anche un effetto di integrazione con il contesto naturalistico.

Il campo coperto

L'edificio che ospita il campo di equitazione coperto presenta una struttura analoga a quella del centro benessere, che si estende per motivi funzionali. Infatti, mentre il complesso della spa era composto da 3 elementi affiancati tramite l'intersezione dei pilastri, questo edificio si compone di 3 elementi associati lungo lasse longitudinale. All'elemento centrale, analogo alla struttura della spa, vengono giustapposte alle testate altre due porzioni della struttura stessa, con la finalità di estendere lo spazio coperto e ospitare l'ampio campo rettangolare. Un telaio in acciaio e vetro contribuisce a migliorare l'interazione tra le parti.

Fig. 17. Sezione del campo coperto.

Fig. 18. Vista del campo coperto.

Fig. 19. Vista dello spazio esterno del maneggio.

Il dettaglio costruttivo

La struttura consta di due pilastri in calcestruzzo che reggono una singola trave curva a sezione triangolare. La giuntura fra i due elementi è segnata da una piastra in acciaio. La trave è costituita da tre superfici curve, ciascuna suddivisa in due strati tenuti insieme mediante l'utilizzo di bulloni. Ogni strato è realizzato attraverso l'ammorsamento di una serie di pannelli lignei, i quali sono ottenuti mediante i processi avanzati di fabbricazione digitale con l'utilizzo della CNC. Le superfici dello strato interno presentano, lungo il loro perimetro, dei fori che permettono di connettere le tre superfici per mezzo di cinghie, in modo tale da facilitare la messa in opera della trave. Questa tecnologia costruttiva flessibile e modulare permette di ottimizzare i tempi di realizzazione della struttura, grazie alla facilità del processo di piegatura dei pannelli lignei di dimensioni ridotte rispetto all'intera estensione della trave. Infine, la struttura, essendo formata da più componenti, assolve una maggiore capacità strutturale.

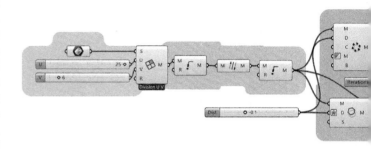

88

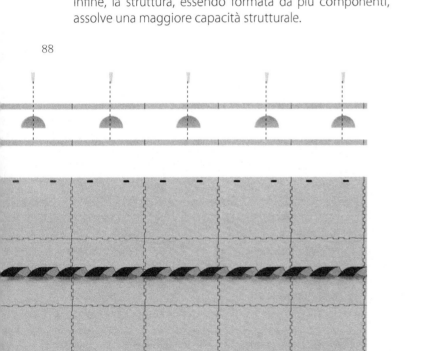

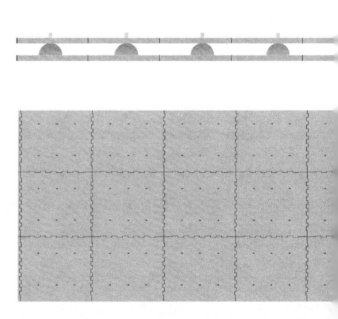

Figg. 20-21. Dettaglio dei pannelli lignei.

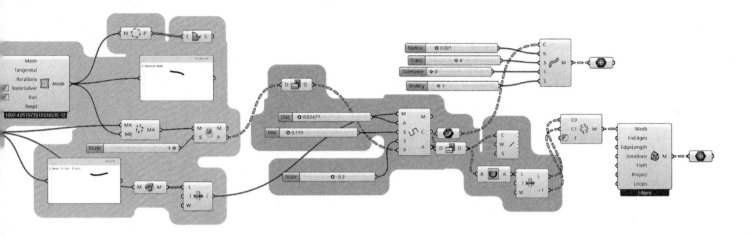

Fig. 22. Codice Grasshopper

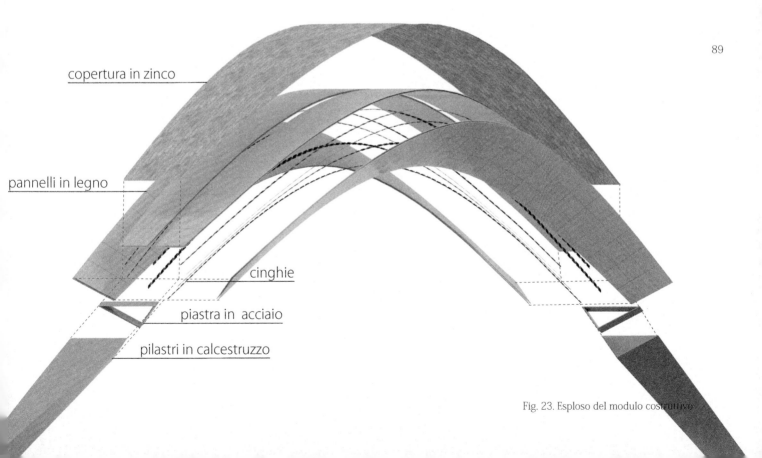

copertura in zinco

pannelli in legno

cinghie

piastra in acciaio

pilastri in calcestruzzo

Fig. 23. Esploso del modulo costruttivo

WAVE THEATER

Teatro all'aperto, infopoint e spazi collettivi
in località Diga Capacciotti

Studenti:

Roberta Amato
Francesca Carlone
Antonella De Facendis
Camilla Dellino
SofiaLaura Esposito
Stefania Filannino
Martina Lorizzo

Dall'idea al progetto

Il progetto si ispira alla forma sinusoidale di un'onda che partendo da una sorgente si propaga nello spazio, come le innumerevoli onde concentriche che si producono quando un sasso viene lanciato in uno specchio d'acqua calma e che si espandono dal punto in cui esso è caduto. Il perimetro dell'intero progetto è ottenuto sezionando con un cilindro ellittico i vari cerchi concentrici. Ad abbracciare la struttura sono i percorsi laterali che seguono il perimetro, ai quali si aggiunge un percorso centrale, garantendo la fruizione attraverso più collegamenti tra i vari ambienti. L'organizzazione degli spazi è stata studiata seguendo il propagarsi delle lunghezze d'onda in una successione di spazi alternatamente vuoti e pieni, all' interno dei quali sono state create rispettivamente zone di transito e zone di servizio, pensate per ospitare attività di ristoro e collettive.

This project is inspired by the sinusoidal shape of a wave which, starting from a source, propagates in space, like when a stone dropped into a pond creates innumerable concentric waves, a rippling ring radiating outward from the centre where the stone fell. The perimeter of the entire project is obtained by sectioning the various concentric circles with an elliptical cylinder. The structure is enclosed by the lateral paths following the perimeter, as well as a central path. This guarantees the use of all spaces, through several connections between the building's premises. The organization of space has been studied following the propagation of wavelengths in an alternating succession of empty and full spaces. Inside these spaces, both transit areas and service areas have been respectively created, designed to host refreshment facilities and collective activities.

Fig. 1. Concept di progetto liberamente tratto dall'opera Narciso di Caravaggio, del 1597-1599, custodita presso Galleria Nazionale d'Arte Antica a Palazzo Barberini, Roma.

Analisi dell'area

Il lago Capacciotti è un bacino artificiale generato dalla omonima diga e situato a circa 16 km da Cerignola. Fa parte del Parco Naturale regionale del Fiume Ofanto, in quanto le acque che lo alimentano sono quelle del fiume stesso, nonostante sia distante dal corso del canale, che sancisce qui il confine tra Puglia e Basilicata.

Il sito ha una facilissima accessibilità: è possibile, infatti, raggiungerlo sia in auto che in bici.

E' tra gli scenari più suggestivi della zona per la sua bellezza naturalistica, dovuta alla biodiversità che lo caratterizza.

La presenza del lago ha permesso lo sviluppo di una vegetazione sommersa, canneti e una flora ripariale.

Il paesaggio silvestre invece, costituito da boschi di querce, frassini, pioppi, salici ed olmi, accoglie una grande varietà di fauna, meta di moltissimi uccelli migratori come il cardellino e la gazza. È anche presente una fauna ittica che popola l'area del lago, considerata ad alta priorità conservativa.

Fig. 2. Localizzazione dell'area di progetto. Fonte: https://www.google.it/intl/it/earth/

92

Figg. 3-6. Fotografie dell'area di progetto.

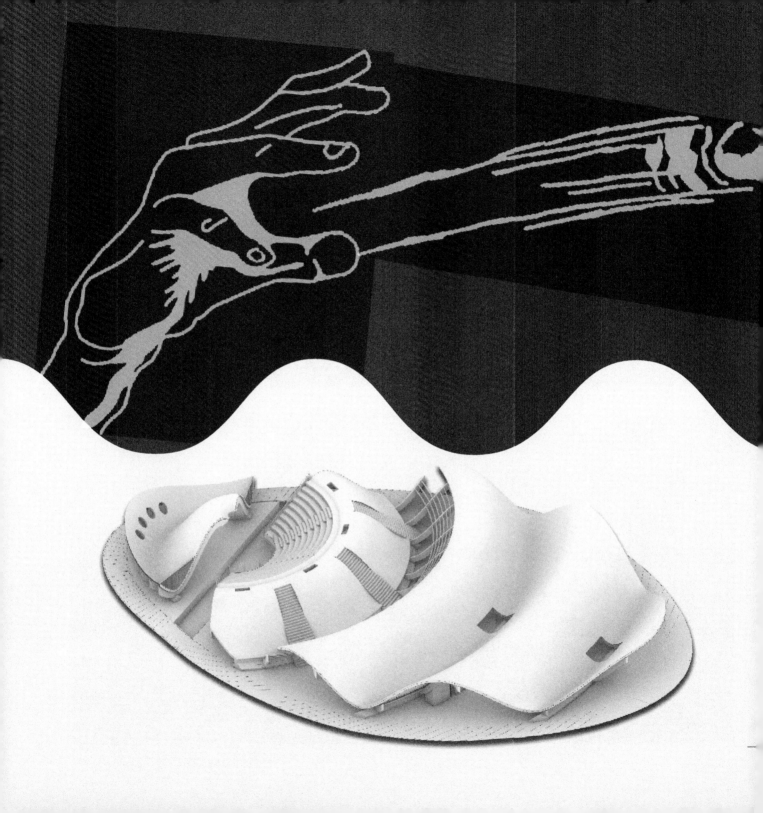

Fig. 7. Concept di progetto.

Dal concept al progetto

Il concept progettuale si ispira all'effetto espansivo che il lancio di un sasso produce attraverso delle increspature sulla superficie dell'acqua.

Il punto centrale del progetto si trova proprio in acqua, da cui si genera la prima onda di propagazione, che corrisponde allo spazio del palcoscenico con l'Acoustic Shell, letteralmente "conchiglia acustica", per fare spettacoli all'aperto. La particolare forma concava di questo guscio acustico crea una superficie riflettente al fine di raccogliere il suono prodotto e diffonderlo all'esterno, ottenendo, in questo modo, un'elevata qualità acustica. Anche la superficie dell'acqua costituisce un ottimo riflettore, per questo l'Acoustic Shell è collocata a pelo d'acqua vicino la riva, accessibile tramite delle passerelle. È orientata verso sud in modo da godere per tutto l'arco della giornata della luce naturale. Nella parte retrostante sono stati realizzati dei camerini per creare una zona di preparazione per gli artisti.

Davanti alla struttura sono posizionate le gradonate disposte radialmente, ricreando quelle di un anfiteatro greco, per consentire una visione ottimale ad un maggior numero di spettatori.

Al di sotto dell' onda che ospita le gradonate vi è una galleria musicale, munita di servizi igienici.

La presenza di lucernari sulla sommità, chiusi da vetro opaco, permette l'infiltrazione di luce naturale diffusa. L'illuminazione di questo spazio è favorita anche dalla presenza di vetrate che affacciano sui percorsi laterali.

Il versante opposto, dove si collocano tre rampe di scale che conducono alle gradonate, è ricoperto da vegetazione

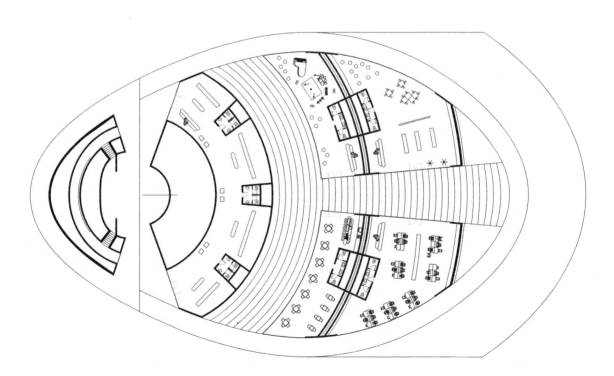

Fig. 8. Pianta.

bassa come se, il riverbero dell'onda, quando arriva sulla terra, diventasse un tappeto verde che fa muovere il prato seguendo il suo andamento.

Il tetto verde è una soluzione efficace per ottenere benefici ambientali ed energetici. Offre moltissimi vantaggi sia per il microclima locale, che per l'edificio su cui si installano. Un green roof assicura migliori prestazioni energetiche, grazie al controllo dell'assorbimento solare e all'isolamento termico. Favorire il risparmio energetico significa anche assicurare risparmio economico. Queste strutture artificiali sono composte da più strati, ciascuno con una propria funzione tecnica e si integrano con l'edificio assicurandone diverse funzioni e vantaggi.

Tra le onde successive vi è un lungo viale caratterizzato da archetti in legno che riprendono la forma sinusoidale creando un percorso pedonale. Su questo spazio aperto si affaccia, quindi, la terza onda composta da ampie vetrate, che permettono di avere una continua relazione visiva con lo spazio esterno, suddivisa in due ambienti dal percorso centrale: un bar e un bookshop.

Successivamente nell'ultimo spazio coperto che affaccia sul parcheggio vi sono un infopoint e una biblioteca.

Tutti gli ambienti interni hanno una struttura costituita da arcate di legno che sorreggono le rispettive onde.

È stato previsto il raggiungimento della struttura anche in bicicletta attraverso la realizzazione di una pista ciclabile, per favorire la mobilità sostenibile.

Obiettivo del progetto è stato creare non solo uno spazio atto ad ascoltare buona musica e spettacoli ma anche un luogo di ritrovo, di condivisione, uno spazio polivalente che costituisca un landmark sul territorio.

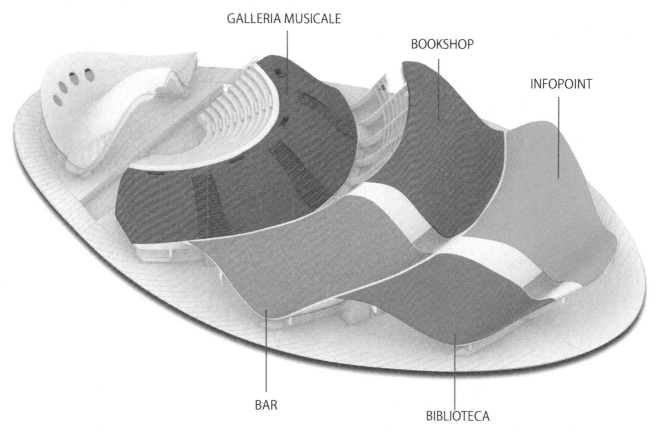

GALLERIA MUSICALE

BOOKSHOP

INFOPOINT

BAR

BIBLIOTECA

Fig. 9. Schema distributivo funzionale.

Fig. 10. Masterplan

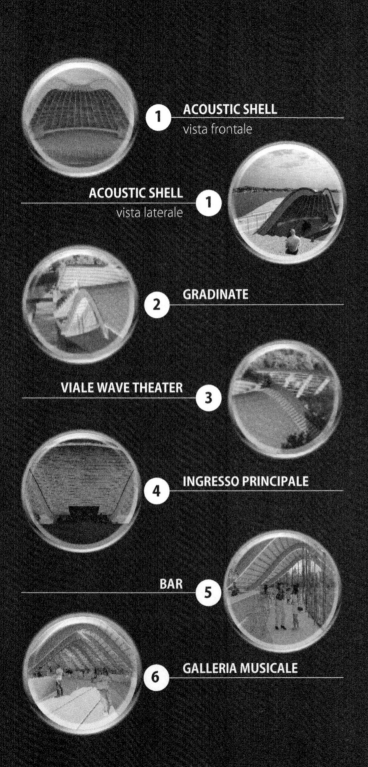

ACOUSTIC SHELL
vista frontale
1

ACOUSTIC SHELL
vista laterale
1

GRADINATE
2

VIALE WAVE THEATER
3

INGRESSO PRINCIPALE
4

BAR
5

GALLERIA MUSICALE
6

Fig. 11. Vista generale dell'intero progetto.

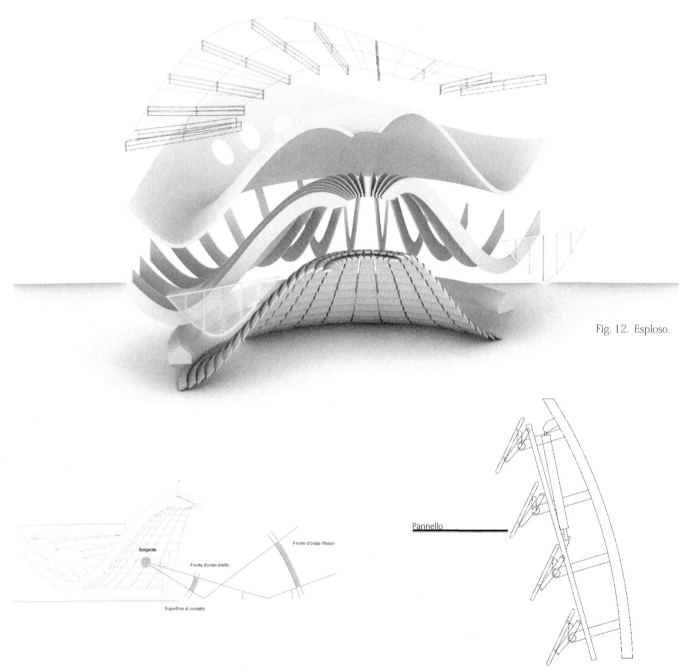

Fig. 12. Esploso.

Sorgente

Fronte d'onda riflesso

Fronte d'onda diretto

Superficie di contatto

Pannello

Figg. 13-14. Dettagli costruttivi dei pannelli dell'acoustic shell.

Fig.15. Vista frontale dell'acoustic shell.

Fig.16. Vista laterale dell'acoustic shell.

Fig. 17. Vista dall'interno del bookshop.

Figg. 18-19. Sezioni.

Fig. 20. Vista dell'ingresso.

Fig. 21. Vista dell'interno del bar.

Fig. 22. Vista dell'interno della galleria.

Fig. 23. Vista dell'interno dei camerini.

109

Fig. 24. Vista dell'interno dell'infopoint.

EREMI 2.0

Luoghi di spiritualità e preghiera nel Parco dell'Ofanto

Studenti:

Roberta Altini

Clelia Bruco

Maria Elena Caferra

Valeria Dibenedetto

Angela Serena Di Gioia

Carmela Florio

Miriana Loschiavone

Dall'idea al progetto

Una delle più grandi aree protette della regione Puglia è il Parco Naturale Regionale del Fiume Ofanto. Il fiume Ofanto si estende per 134 km dalla sorgente sull'Altopiano Irpino, scorre prevalentemente in Puglia e sfocia nel Mar Adriatico. Il Parco Naturale Regionale si presenta come un'area quasi fuori dal tempo, uno spazio in cui rifugiarsi. Numerosi sono i fulcri religiosi, indentificati nel Parco, in aree particolamente suggestive che diventano ispirazione per i visitatori e luoghi di meditazione, isolamento e preghiera. Il progetto degli "Eremi del Parco dell'Ofanto" vuole inserirsi nel territorio con interventi mirati e non invasivi, affinché la bellezza di quest'area non venga intaccata, ma ammirata, valorizzata, e anche la popolazione possa usufruirne. Si progetta un sistema di eremi isolati, intorno a questi poli caratteristici, che diventano parte del paesaggio e ne esaltano i valori e le peculiarità.

One of the biggest protected areas of Apulia Region is the River Ofanto Regional Park. The Ofanto River extends for 134 km from the source on the Hirpinian Plateau, it mainly flows in Apulia and flows into the Adriatic Sea. The Regional Natural Park shows up as an area almost out of time, as a place to take refuge. The religious centres identified in the park are numerous, and are located in particularly suggestive areas that become inspiration for visitors and places of meditation, isolation and prayer. The project "Eremi del Parco dell'Ofanto" wants to fit into the territory with targeted and non-invasive interventions, so that the beauty of this area is not affected, but admired, valued and even the population can enjoy it. A system of isolated hermitages is designed around these characteristic poles, which become part of the landscape and enhance its values and peculiarities.

Fig. 1. Concept di progetto liberamente tratto dall'opera *San Francesco in meditazione* di Caravaggio, del 1605, custodita presso la Pinacoteca del Museo civico Ala Ponzone di Cremona.

111

Rupe di Ripalta

All'interno del Parco dell'Ofanto si possono riconoscere diversi paesaggi che il letto del fiume segna e determina. Numerosi sono gli affluenti che si diramano dal territorio e creano un paesaggio ameno, così come i piccoli specchi d'acqua che si trovano nelle vicinanze, che diventano parte fondamentale del territorio.

I paesi della regione Puglia attraversati dal fiume sono undici, tra la provincia di Foggia e Barletta-Andria-Trani.

In particolare nel Comune di Cerignola, in provincia di Foggia, a circa 9 km dal centro abitato, il tempo e lo scorrere dell'acqua hanno creato un paesaggio insolito per il territorio pugliese: un'alta rupe di circa 150 m troneggia sul letto del fiume, affacciandosi con uno strapiombo.

Fig. 2. Foto della Rupe di Ripalta.

In prossimità di questo vasto scenario di assoluta tranquillità è situata la chiesa dedicata alla Madonna di Ripalta.

Nel 1172 fu ritrovata l'icona della Madonna di Ripalta che ne attestava l'utilizzo già da prima. La sua origine è datata XII secolo, anche se l'attuale configurazione risale al XX secolo.

Già nel 1259 la chiesetta viene citata col titolo «della beata Maria Vergine di Ripalta» in un atto del Preposto della Chiesa di Canosa.

Nel 1310 la proprietà risulta passata all'Ordine dei Cavalieri Teutonici, mentre risale al 1543 un atto notarile con il quale il Capitolo della Chiesa di Cerignola donava la cappella a una comunità di frati.

Numerosi sono stati i restauri e rimaneggiamenti, in uno dei quali è stato soppresso uno dei campaniletti a vela, mentre nel 1931 la chiesa fu sottoposta ad un radicale restauro e rafforzamento, con l'aggiunta di una struttura di archi in cotto sulla facciata. Questa tecnica costruttiva, che segna l'ingresso della chiesa, è essenziale, in quanto si vuole sottolineare il legame sacro con le strutture da noi progettate nello stesso materiale: la biblioteca e il luogo di preghiera all'aperto.

La chiesa attualmente si presenta in buone condizioni e diventa spesso luogo di cerimonie, anche all'aperto durante la stagione estiva, grazie al paesaggio che la circonda che funge da suggestiva scenografia per le celebrazioni religiose.

Fig. 3. Foto della chiesa della Madonna di Ripalta.

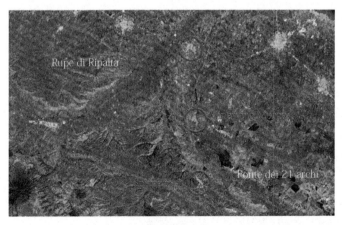

Fig. 4. Geolocalizzazione delle aree di progetto.

Parcheggio verde

Biblioteca

Parco del pozzo

Eremi

Orti sociali

Luogo di preghiera

Santuario della Madonna di Ripalta

Parco degli Ulivi

Fig. 5. Vista planivolumetrica del progetto.

Figg. 6-7. Viste esterne della biblioteca.

Figg. 8-9. Viste interne della biblioteca.

Figg. 10-13. Viste del luogo di meditazione all'aperto.

Eremo sulla Rupe

Giungendo sull'altura della rupe si rimane affascinati dallo spettacolare paesaggio che si mostra agli occhi dello spettatore; un senso di tranquillità e spiritualità permane nell'area. Nel progetto degli *Eremi del Parco dell'Ofanto* si è scelta questa posizione per progettare una serie di soluzioni abitative isolate che permettono di vivere questa ritualità e introspezione in tranquillità. Il contatto con la chiesa non è negato, al contrario permane attraverso il percorso diretto tra la struttura religiosa e i singoli eremi. La simbologia cristiana dettata dal luogo, dalla presenza della chiesa della Madonna di Ripalta, viene ripresa dalla disposizione dei setti murari principali che formano una croce se visti in pianta. Nella soluzione dell'eremo interrato la roccia della rupe ingloba le scale che conducono all'ingresso, mentre una passerella permette la fruizione della terrazza libera da muri che permette una visuale a 360 gradi del paesaggio.

La vegetazione della rupe accompagna il visitatore lungo il percorso che porta agli eremi sopraelevati, per poi estendersi nel dirupo arrivando al letto del fiume, di cui è possibile ammirare l'andamento dall'eremo.

La struttura a prima vista si mostra compatta, formata da due setti perpendicolari pieni che fungono da sostegno all'intero edificio e ne schermano l'interno dagli occhi dei visitatori della chiesa e delle nuove strutture progettate. L'eremo presenta per i tre lati delle vetrate che permettono di avere una visuale diretta del panorama. Orientato ad est, gli spazi interni riescono ad assorbire tutta la luce del mattino che permane fino alle ore più buie, quando le sorgenti luminose ricavate negli intagli della boiserie diffondono una luce soffusa che rende ancora più suggestiva l'atmosfera. L'edificio, seppur di piccole dimensioni (7,5 m per 5 m), contiene arredi semplici ed essenziali per vivere in una situazione di isolamento spirituale senza distrazioni. L'arredamento risulta semplice e prevalentemente in legno, affichè ci sia un richiamo dei materiali presenti nel territorio e si abbia una sensazione di leggerezza.

Fig. 14. Vista esterna degli eremi sulla rupe.

Fig. 17. Vista notturna di uno degli eremi sulla rupe.

Fig. 18. Sezione dell'eremo sulla rupe.

Fig. 19. Vista interna dell'eremo sulla rupe.

Il ponte dei Ventuno Archi

Il Parco Naturale Regionale si estende ben oltre il bacino del fiume da cui prende il nome; infatti il Parco del Fiume Ofanto, toccando il territorio di undici Comuni, è uno dei più grandi parchi naturali della regione per estensione. Dal 2003 è un'area naturale protetta della regione Puglia grazie alla presenza di numerose specie di flora e di fauna che hanno trovato nel fiume il loro habitat ideale in cui proliferare. Può essere definito un modello di sostenibilità e di riduzione degli eventuali impatti delle attività presenti, per questo si vogliono agevolare i cittadini di queste aree a una sensibilità maggiore verso il tema dell'ecosostenibilità, perpetuando il modello del fiume come luogo da vivere e non da sfruttare per le risorse presenti, un paesaggio da ammirare.

Il fiume non è il solo attrattore del parco, infatti lungo il suo percorso si trovano numerose testimonianze della presenza dell'uomo nei secoli. Reperti archeologici di età preistorica sono presenti a Canne della battaglia; lì sono state rinvenute deposizioni funerarie di rilevante importanza.

I Romani durante la loro espansione nei territori pugliesi hanno lasciato numerose tracce del loro passaggio, soprattutto vie di comunicazione terrestri. Tra le più di queste infrastrutture troviamo il Ponte Romano sulla Via Traiana tra Canosa e Cerignola e l' Arco di Traiano a Canosa. Altre opere di costruzione di eccezionale pregio sono i ponti che attraversano il fiume. Il Ponte dei Ventuno Archi, chiamato così per via dei ventuno archi che lo compongono, è stato costruito a Spinazzola intorno al 1889 per consentire l'attraversamento della Murgia, dalla linea adriatica all'entroterra. I ventuno archi a tutto sesto ne determinano la lunghezza di 150 m per una altezza complessiva di 15 m attraverso monumentali pilastri in pietra. Dal 2011 il viadotto è stato abbandonato, diventando un luogo di attrazione turistica. La struttura è imponente e il gioco di luci e ombre fa smarrire lo spettatore, che rimane affascinato dalla sua maestosità e dal dinamismo delle forme di questa struttura.

Fig. 20. Foto del ponte dei Ventuno Archi.

Fig. 21. Foto del ponte dei Ventuno Archi.

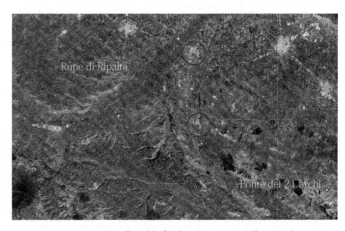

Fig. 22. Geolocalizzazione delle aree di progetto.

Fig. 23. Vista esterna dell'eremo del ponte.

Eremo del Ponte

All'interno dello scenario di pianeggianti campi colorati, il ponte dei Ventuno Archi si staglia alto e isolato, creando una quinta scenica spettacolare e insapettata nel mezzo del paesaggio lineare.

Per il progetto degli Eremi del Parco dell'Ofanto si è pensato di sfruttare la grandezza del ponte e la sua posizione per realizzare un sistema di eremi sospesi tra gli archi che permetta una visuale del paesaggio completa in questa posizione privilegiata. Il sopralluogo effettuato ha messo in evidenza quanto la natura sia predominante in questo contesto, anche se svariate sono le masserie isolate presenti nelle vicinanze. La natura stessa diventa ispirazione per il progetto ideato; la conformazione dell'eremo vuole riprendere la disposizione delle celle esagonali che compongono l'alveare. La loro configurazione diventa esempio per la composizione del progetto.

Fig. 24. Pianta dell'eremo del ponte

La struttura dell'eremo risulta semplice: è composta da esagoni in legno che creano una forma sferica che ne permette la vivibilità. La sfera riprende la curvatura dell'arco e si inserisce nella luce di quest'ultimo, incastrata attraverso travi e staffe e dando una sensazione di leggerezza, ma al tempo stesso anche di stabilità. L'illuminazione è affidata a grandi vetrate che, posizionate in maniera casuale, sostituiscono alcuni dei pannelli esagonali e permettono alla luce naturale di filtrare e creare giochi di luci e ombre. L'accesso a questa sfera è garantito attraverso una scala in legno che, muovendosi verticalmente, ne consente il collegamento con una botola quadrata che interrompe la pavimentazione lineare. La scala, una volta nell' eremo, viene ritratta scomparendo nella sfera, non permettendone il raggiungimento e isolandolo fisicamente.

Gli arredi disposti all'interno sono in legno; la scatola che comprende i servizi, unica e compatta, funge da divisione tra i vari spazi. Si crea una differenza tra la zona giorno e quella più riservata che comprende il letto. La struttura con la boiserie intagliata diventa anche la principale fonte di luce nelle ore più buie, con fasci netti e direzionati.

Fig. 25. Sezione dell'eremo del ponte.

126

Fig. 26. Vista esterna del cremo del ponte

Figg. 27. Vista interna dell'eremo del ponte.

Pannello di facciata in legno

Struttura di connessione e distribuzione dei carichi

Membrana impermeabile

Listelli in direzione dello scolo dell'acqua

Pannello di facciata in legno

Fig. 28. Dettaglio dell'involucro dell'eremo del ponte.

Fig. 29. Assonometria dell'interno dell'eremo.

Figg. 30-31. Viste interne dell'eremo del ponte.

Studenti:

Annalisa Aniello

Francesco Annoscia

Silvia Maria Concetta Cafarchia

Federica Ciniero

Simona De Stefano

Alessandro La Scola

Elena Manelli

Vito Ivan Partipilo

Dall'idea al progetto

L'area di progetto è la zona dell'invaso del Locone, situata nel cuore del Parco Naturale Regionale del Fiume Ofanto, presso Minervino Murge (BT). Si caratterizza per la presenza di una diga in terra battuta e per il verde rigoglioso, dovuto all'imboschimento artificiale.

Il progetto *Tree houses* vuole creare un'opportunità per la tutela e la valorizzazione di quest'area, ormai in stato di degrado, integrandosi con le sue caratteristiche. L'obiettivo è quello di renderla accessibile al turismo di nicchia tramite un sistema di strutture diffuse sorrette dagli alberi, nelle quali è possibile soggiornare in completa osmosi con la natura. Inoltre il progetto è articolato da una struttura che accoglie gli ospiti e da una serie di percorsi nel verde che permettono sia il raggiungimento delle case sugli alberi sia delle strutture di servizio posizionate sull'acqua. In quest'ultime gli ospiti possono rilassarsi praticando yoga, consumando cibo o accedendo ad un giro in barca.

The project area is the one of the Locone reservoir, located in the heart of the Ofanto Park, near Minervino Murge (BT). It is characterized by the presence of a dam and of luxuriant green due to artificial afforestation.

The project Tree houses *wants to create an opportunity for the protection and enhancement of this area, now in a state of decay, integrating with its characteristics. The aim is to make it accessible to niche tourism through the inclusion of a system of diffuse structures supported by trees, in which you can stay in complete osmosis with nature. In addition, the project is organized by a structure that welcomes guests and a series of routes that allow both the achievement of houses on trees and of service facilities positioned on the water. In the latter guests can relax practicing yoga, eating food or accessing a boat ride.*

131

Fig. 1. Concept di progetto liberamente tratto dall'opera *Ragazza che lavora i ferri* di Jules Breton, del 1860.

Analisi dell'area

La diga del Locone, un affluente del fiume Ofanto, è la seconda diga in terra battuta più grande d'Europa. Il territorio, pur essendo frutto di rimboschimenti artificiali con Pino d'Aleppo ed Eucalipto, è comunque di grande rilevanza per la tutela delle biodiversità forestali ed acquatiche; infatti il suo microclima ha creato l'habitat ideale per aironi, cormorani e falchi. Le componenti naturali prevalenti dell'intera area sono alcuni esemplari di Pioppo bianco (*Populus Alba*) che sono tra i più maestosi dell'Italia meridionale.

L'ingente parte boschiva, inoltre, è caratterizzata dalle specie arboree più comuni come fusti di Pinoli, Abeti ed Oleandri a cui si aggiungono vari tipi di arbusti come Pungitopo e Ginestra. Attualmente l'area, per ragioni pratiche e morfologiche, non è urbanizzata e, per questo, l'aspetto visivo e naturalistico conserva un'identità forte ed esplicita; a tal proposito è meta di cicloturismo, pesca sportiva e attività subacquee. Particolarmente critica risulta la gestione idraulica dei corsi fluviali dell'Ofanto e del Locone che, gradualmente, ha causato l'inquinamento delle acque per scarichi abusivi e l'impoverimento della portata idrica per prelievo irriguo. Dunque, analizzando l'area, è evidente l'esigenza di dover intervenire progettualmente al fine di valorizzarla.

132

Figg. 2-5 Invaso del Locone.

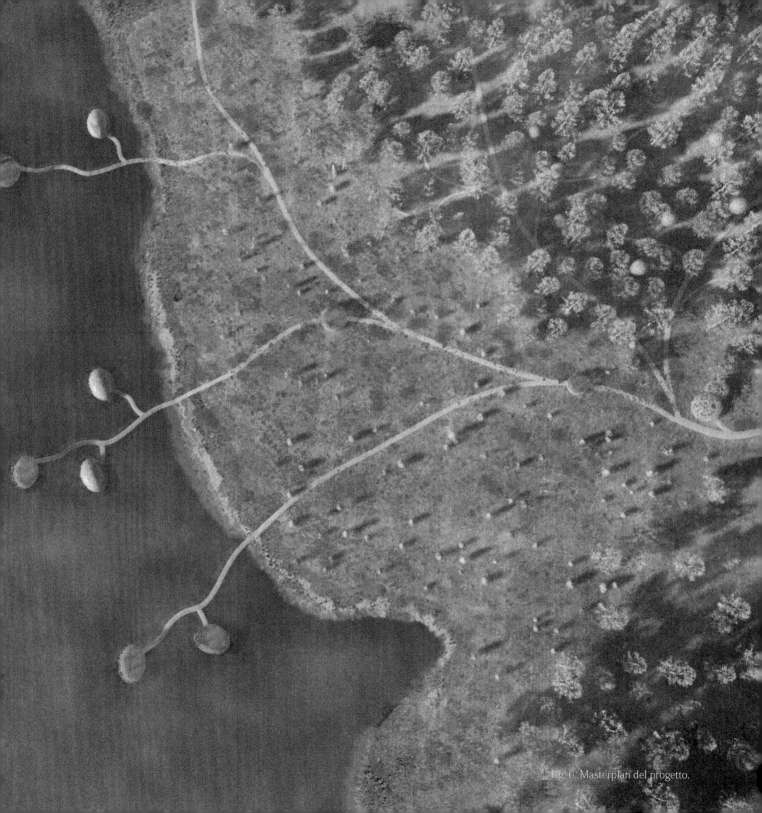
Fig. 6. Masterplan del progetto.

Molo

Ristorante

Centro Yog

Isola di servizio

Reception

Tree House

Fig 7. Vista generale dell'area.

Tree Houses Hotel

Il progetto prevede la realizzazione di dodici case sull'albero completamente immerse nella zona boschiva dell'invaso del Locone. L'idea progettuale consiste nel voler attribuire a queste strutture un aspetto molto intimo e poco invasivo nei confronti della natura: infatti le strutture sono nascoste all'interno della fitta rete di alberi tipici della zona che celano il carattere riservato delle unità. In definitiva, il progetto è stato concepito come una serie di piccoli nidi dove i clienti del *Tree Houses Hotel* possono rifugiarsi e concedersi un weekend lontano dai ritmi frenetici della vita quotidiana. Il progetto rivela la volontà di tutelare e valorizzare le componenti naturali del Parco dell'Ofanto, limitando al massimo gli elementi artificiali di costruzione: infatti il materiale utilizzato è il legno. Strutturalmente si è pensato di sfruttare i tronchi degli alberi della zona boschiva come pilastri portanti delle case; ad essi sono ammorsate due travi orizzontali parallele tra loro.

L'unità studiata è stata pensata come una sfera perfetta di circa 40 mq. L'esterno consiste in una fitta rete di intrecci, indipendenti dalla struttura interna portante, che simulano un nido di uccelli. La complessità della forma curva dell'involucro è stata ottenuta grazie all'utilizzo del legno di betulla, che, essendo molto flessibile, risponde al meglio alla conformazione ideata dal progetto. L'interno, invece, è caratterizzato da pannelli lisci in legno di frassino, interrotti da una fascia vetrata orizzontale. La scala di accesso alla singola unità, oltre ad essere un classico elemento distributivo, assolve una seconda funzione, ovvero quella strutturale: infatti i cosciali vengono utilizzati come travi diagonali portanti della struttura che scaricano il peso direttamente sul suolo. L'impianto organizzativo delle *Tree Houses* è disperso, ma non in maniera casuale. Tutte le unità sono collegate tra loro tramite tracciati a terra in dogato di legno che per forme riprendono i disegni dei rami di un albero. In conclusione, il fulcro dell'intero progetto è sicuramente la casa sull'albero che è stata modello di riferimento per le altre strutture progettate nell'area dell'invaso del Locone.

136

Fig. 8. Pianta dell'unità.

Fig. 9. Sezione dell'unità.

Fig. 10. Vista esterna del Tree Houses Hotel.

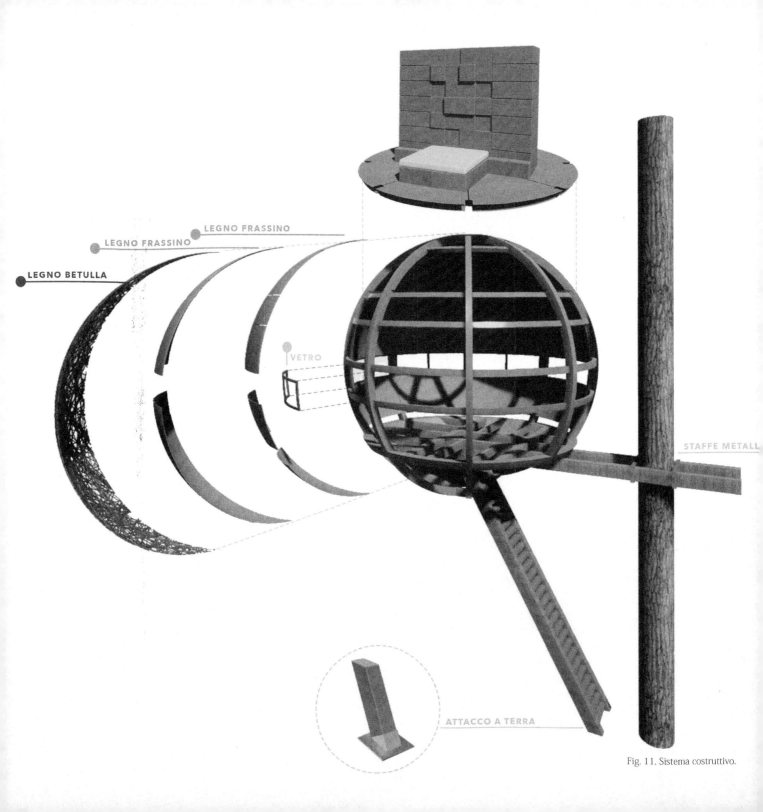

LEGNO FRASSINO

LEGNO FRASSINO

LEGNO BETULLA

VETRO

STAFFE METALL

ATTACCO A TERRA

Fig. 11. Sistema costruttivo.

Fig. 12. Vista esterna del *Tree Houses Hotel*.

Figg. 13-14. Viste interne del Tree Houses Hotel.

I servizi offerti

Come detto in precedenza, il tema del nido di intrecci pensato per le *Tree Houses* è il marchio identificativo di tutto il progetto: infatti sia l'involucro esterno che i pannelli di rivestimento sono stati rimodulati nelle geometrie e forme per la realizzazione di tutti gli altri servizi accessibili. A tal proposito, la prima struttura che si incontra prima di giungere all'area di interesse è la reception. Come mostrato nelle figure 15 e16, la struttura è raggiungibile tramite una passerella in legno e rivela una coppia di pseudo-cupole immerse nella fitta vegetazione del luogo. Proseguendo il tragitto lungo i sentieri che portano alle aree boschive e acquatiche dell'invaso del Locone, si è pensato di realizzare delle strutture ricettive sul lago che potessero soddisfare tutti i bisogni dei clienti del *Tree Houses Hotel*. Infatti, anche in questo caso, una lunga passerella a sfioro sull'acqua indirizza i visitatori verso bar, ristoranti e spazi dedicati al relax. La scelta progettuale di voler utilizzare una conformazione ad ellisse (figg. 17-18) è strettamente legata alla funzione da attribuire

a questi spazi e quindi alla capienza di persone da accogliere. L'interno presenta un design molto minimale: infatti i tavoli di appoggio sono direttamente ricavati dall'estrusione dei pannelli di rivestimento; in questo modo si è cercato di preservare al massimo la qualità degli spazi interni senza appesantire la scena con oggetti secondari. Inoltre i pannelli sono stati scanditi e divisi secondo un ritmo modulare che si ripete sia sulle pareti che a terra senza soluzione di continuità. Infine nelle strutture sul lago e nella reception, è stato studiato un sistema di illuminazione artificiale a led che nelle ore notturne, è visibile sia all'esterno che all'interno.

Figg. 15-16. Viste della reception.

Fig. 17. Vista dei servizi sul lago.

Fig. 18. Vista interna dei servizi sul lago .

Fig. 19-20. Sezioni.

Fig. 21. Vista interna servizi sul lago.

Fig. 22-24. Viste dei servizi sul lago.

MuBi
Museo della Biodiversità
Cava dismessa di Gran Marrone, Canosa di Puglia

Studenti:

Maria Lucrezia De Candia

Martina Lullo

Dalila Nugnes

Ludovica Persano

Aurora Perta

Lucia Elvira Russo

Giovanni Carlo Volpe

Dall'idea al progetto

Da sempre il Parco dell'Ofanto rappresenta una delle aree più famose del territorio pugliese per la sua rinomata capacità di suggestione e per la presenza di diverse specie faunistiche, arboree e floristiche; la natura è quindi la protagonista indiscussa dell'area. Nasce così il MuBi (Museo della Biodiversità), che prende vita nella natura che lo circonda, diventando al tempo stesso parte di essa. L'intero impianto è definito all'interno della cava dismessa di Gran Marrone; l'aspetto esteriore prende spunto dalla struttura cristallina della pirite. Proprio come accade nella struttura di questo minerale, anche il sistema del MuBi appare composto da forme cristalline a più facce, le quali all'interno della struttura si incastrano e si sorreggono a vicenda, mentre all'esterno si protendono dalla parte rocciosa, fino ad adagiarsi sul marmo che costituisce la cava.

151

The Ofanto Park has always been one of the most famous areas of the Apulian territory for its renowned capacity of suggestion and for the presence of various species of fauna and flora. Nature is therefore the undisputed protagonist of the area. This is how the MuBi (Museum of Biodiversity) was created. It comes to life in the nature that surrounds it, becoming at the same time part of it. The entire facility is defined within the disused Gran Marrone quarry. Its external appearance is inspired by the crystalline structure of pyrite. Just as in the structure of this mineral, the MuBi system appears to be made up of multi-faceted crystalline forms. Inside the structure the facets fits together and support each other, while on the outside they stretch out from the rocky part until they rest on the marble that makes up the quarry.

Fig. 1. Concept di progetto liberamente tratto dall'opera *Ritratto di Luca Pacioli* di Jacopo De Barbari, del 1500, custodita presso Museo e Real Bosco di Capodimonte.

Analisi dell'area

La Puglia è conosciuta per i suoi luoghi magici e sorprendenti. In particolare, la zona del Parco dell'Ofanto rappresenta una delle aree più famose del territorio, per la sua rinomata capacità di suggestione. Recarsi in quest'area comporta un susseguirsi di emozioni non indifferenti ai propri sensi. Nel tratto alto del fiume la vegetazione è composta da boschi di querce, frassini, pioppi e salici. Nel tratto basso si sono perse le zone boschive e la vegetazione è strettamente ripariale, sono presenti pioppi, salici ed olmi oltre a fitti canneti ed a vegetazione tipicamente palustre. Nei pressi della foce, grazie all'alta salinità ed alla stagnazione delle acque si sono insediate steppe salate mediterranee considerate ad alta priorità conservativa. Numerose sono le specie di uccelli che nidificano lungo l'alveo del fiume come la gazza, il cardellino, la folaga, la gallinella d'acqua. Tra i mammiferi un avvistamento molto importante è stato quello della lontra, tornata da pochi anni a popolare l'area del fiume Ofanto. Appena terminata la strada provinciale che conduce alla cava, si percepisce, infatti, subito un'aria diversa e del tutto naturale. Durante il percorso si può godere della presenza di ulivi, vigneti, peri selvatici, ciliegi e pini, fino a giungere al cuore storico della zona, le rovine del sito archeologico di Canne della Battaglia. Subito dopo ci si trova dinanzi alla grande cava, costituita da un fondo piano arricchito dalla presenza di varie specie selvatiche e da una parte più alta, dalla quale è possibile scorgere l'intero circondario, tra cui il sito di Canne della Battaglia, la ferrovia e il paesaggio nei pressi del fiume. Davanti a questo spettacolo della natura ci si sente molto piccoli, sembra quasi di essere parte di un dipinto naturale. Il sole illumina mettendo in risalto ogni singolo lineamento; curve frastagliate, irregolari, tipiche di una cava dismessa. Le stesse curve che creano un gioco di ombre che sembrano abitare la forza del Gran Marrone, rendendo il tutto ancora più incantevole ed entusiasmante. È così che la natura, con la sua spontanea irregolarità, fa da padrona in questo luogo meraviglioso e storico.

Fig. 2. Inquadramento area, valle dell'Ofanto.

Figg. 3-6 viste sull'area della valle dell'Ofanto e cava.

Concept

1. Le superfici del solido di partenza scelto vengono intepolate da punti. Le distanze tra questi sono variabili in un range dato.

2. Prendendo ispirazione dall'aggregazione dei cristalli di pirite, i punti diventano i centri dei solidi platonici i quali, intersecandosi, generano l'involucro dell'edificio.

3. Gli spigoli degli icosaedri costituiscono l'intelaiatura principale dell'edificio.

4. Le facce triangolari vengono suddivise ulteriormente in quattro triangoli equilateri occupati dai pannelli di tamponamento.

Schemi funzionali

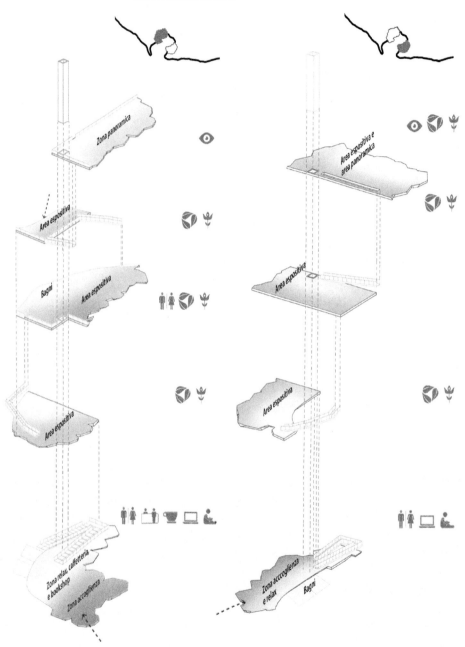

Fig. 9. vista planivolumetrica.

Fig. 10. Vista del percorso e dei terrazzamenti.

Fig. 11. Vista della zona relax.

Fig. 12. Vista esterna.

Il progetto

Essendo la natura protagonista indiscussa dell'area, si è pensato di ricondurre l'intero progetto al tema del naturalismo, dando vita ad un vero e proprio museo della biodiversità. Nasce così il MuBi, un museo che prende vita nella natura che lo circonda. L'intero impianto, è definito all'interno della cava dismessa di Gran Marrone, la quale occupa gran parte dell'area, andando a creare una sorta di quinta scenica tra quella che è la stazione ferroviaria e la strada provinciale che riconduce al sito. La parte settentrionale prende forma con quella che è la grande stazione, con l'intento di creare un collegamento tra la zona occupata dalla cava e la zona ferroviaria, mentre nella zona meridionale, secondo l'orografia naturale del terreno, prendono forma i grandi terrazzamenti, i cui affacci puntano direttamente a far ammirare la parte esterna del museo, fungendo anche da collegamento tra quest'ultimo e la strada provinciale. Il tutto è attraversato da un percorso immerso nella natura, il quale funge da collegamento tra il museo e la stazione a nord, nonché tra i due grandi poli della struttura. La disposizione dei volumi di ingombro è stata definita sulla base delle diverse altezze della cava. Si è pensato di collocare la parte viva del museo nella zona più bassa e quindi sul fondo di cava, mentre i terrazzamenti diventano protagonisti della parte alta. L'aspetto esteriore della struttura, invece, prende spunto proprio dal marmo di Gran Marrone, o meglio dalla struttura cristallina di una delle sue componenti, la pirite. Per garantire una continuità dello spazio naturale esistente si è andati incontro ad una riqualificazione dell'ambiente esterno che circonda l'intero progetto e che occupa un ruolo fondamentale, nonché necessario, affinché si possa cogliere a pieno ogni sfumatura della biodiversità. La trasformazione ha visto l'integrazione di alre specie floristiche oltre a quelle preesistenti e la creazione di piccole zone relax. Al fine di arricchire il tutto nel modo più naturale possibile, si è inoltre pensato di inserire un laghetto accompagnato da una serie di gradinate che richiamino in qualche modo i terrazzamenti presenti sul lato opposto.

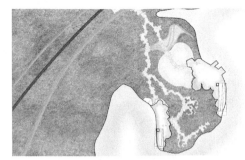

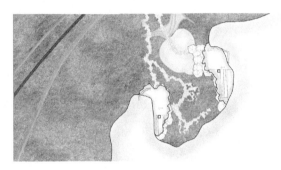

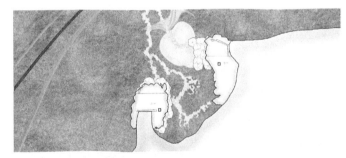

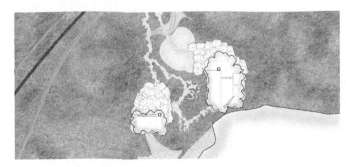

Figg. 13-16. Planimetrie di progetto.

Figg. 17-18. Prospetti e sezioni del progetto.

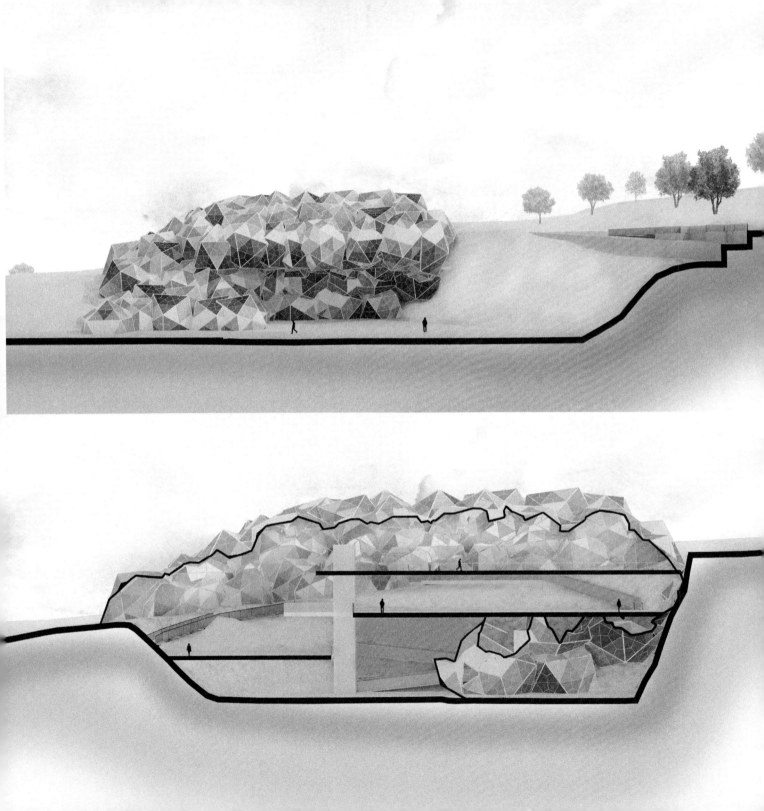

Fig. 19-22. Prospetti e sezioni del progetto.

Fig. 23. Vista esterna.

fig. 24 Vista esterna

Figg. 25-26. Viste della stazione.

Interni

Nonostante il Parco dell'Ofanto rappresenti uno dei posti più vivi e ricchi a livello naturale, la sua bellezza non viene vissuta quotidianamente a causa della mancanza di punti di attrazione. A rendere unico nel suo genere il MuBi è la scelta di far nascere questo museo della biodiversità proprio all'interno della natura che esso racconta. La struttura comprende quattro livelli, ognuno dei quali è dedicato alla rappresentazione di un tema. Si parte dal livello 0, dove nella hall di ingresso si percepisce grande spazialità, creata da un ambiente open space che ospita servizi di vario genere. La presenza di un arredo minimal, che richiama le forme della struttura e i colori caldi della cava, tendono a dare semplicità e comfort al visitatore. Si viene accolti da una grande area relax con annessa caffetteria, bookshop e altri servizi. Proseguendo al livello 1, in cui inizia la vera e propria mostra espositiva, si può notare come lo spazio prende vita attaverso le forme del verde, che caratterizza il luogo. Il tema esposto è quello della fauna. A tutti i livelli è garantita un'ampia visibilità dell'ambiente esterno e luminosità grazie alla presenza di ampie vetrate. L'area espositiva è arricchita da semplici teche in vetro, contenenti esempi di fauna ittica e di mammiferi. Il secondo livello riprende il tema della fauna, introducendo anche quello della flora, che vedrà il suo completamento al terzo ed ultimo livello. Si tratta dell'area espositiva che punta ad essere la più suggestiva dell'intero museo, in quanto la sala è dotata di soluzioni tecnologiche di alto livello: piattaforme interattive, proiezioni, pareti led; il tutto per ricreare perfettamente una parte di parco naturale, coerente con la realtà, al fine di coinvolgere il visitatore in una vera e propria esperienza immersiva. Come anticipato, il terzo livello ripropone il tema della flora, ma questa volta in maniera del tutto viva, attraverso una piccola vasca d'acqua sul retro, con l'intento di riportare chi la osserva al corso del fiume Ofanto. Un'altra particolarità di quest'ultimo livello è la grande vista panoramica sulla valle, che funge da zona relax. In questo punto infatti, il visitatore può godere comodamente della bellezza storica che il parco offre.

Fig. 27. Vista della reception.

Fig. 28. Vista interna.

Fig. 29. Area panoramica.

Fig. 30. Angolo bar.

Figg. 31-32. Area espositiva.

Dettagli

Lo studio del sole, è stato di vitale importanza ai fini della costruzione del progetto; infatti nulla è lasciato al caso, ma vi è un forte rapporto di correlazione tra luce del sole e forme. Proprio da qui nasce l'idea di alternare le varie facciate degli icosaedri, tra pareti completamente vetrate e non, affinché la luce dia vita ad una suggestione diversa e particolare per ogni singolo ambiente del MuBi.

L'ossatura portante dell'edificio è composta da una travatura reticolare in acciaio, le cui aste corrispondono agli spigoli degli icosaedri; i profilati a sezione circolare si incontrano nei nodi sferici a cui sono collegati per mezzo di bulloni. Ogni faccia triangolare del solido è suddivisa in quattro pannelli litici policromi di tamponamento fissati con una seconda intelaiatura esterna. Inoltre, pilastri ad albero in acciaio irrobustiscono la struttura lì dove le luci sono troppo ampie, la tecnologia impiegata è la medesima: i pilastri a sezione esagonale cava si diramano poi in sostegni a sezione triangolare che vanno a innestarsi sulla grande copertura. Anche i solai sono realizzati con travature reticolari e ad essi si agganciano i controsoffitti che hanno la doppia funzione di nascondere gli impianti e di modellare lo spazio dei piani inferiori con forme poligonali sfaccettate che ospitano il sistema di illuminazione.

Figg. 33-36. Studio del sole.

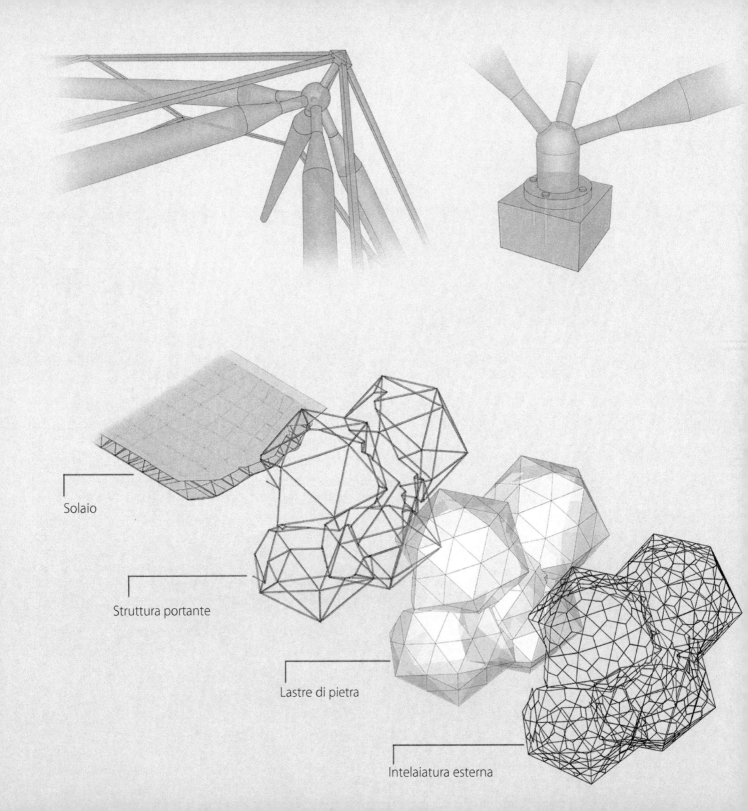

Solaio

Struttura portante

Lastre di pietra

Intelaiatura esterna

Fig. 29 particolare costruttivo

Fig. 37. Dettagli costruttivi

RI.SE

Ristorante Eco-Sostenibile con serra idroponica

Studenti:

Carla Bruno

Teresa Campagna

Sara D'Adamo

David Giovinazzi

Francesca Lisco

Davide Vito Ronzulli

Edlir Vora

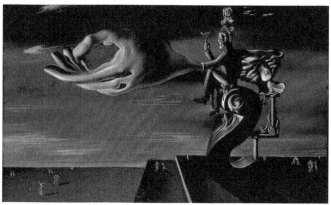

Dall'idea al progetto

Il progetto dà un'idea di contrasto tra la natura e ciò che l'uomo ha costruito, ma in realtà non è così. Esso è studiato per determinare un forte legame tra i due caratteri principali di quest'area: l'ecosistema e l'agricoltura. Il ristorante eco-sostenibile pone le sue radici sulla sommità di una collina, creando uno sbalzo verso la valle; immerso nella vigna, esso ne trae ispirazione per la sua forma intrecciata.

La struttura è collegata alle strade esistenti da un percorso dettato dall'orografia del terreno, che parte dalle pendici della collina e va a insinuarsi all'interno del vigneto.

Nel Ri.Se è inclusa la serra idroponica che si articola attraverso un sistema di vasche per la coltivazione di prodotti locali.

Il bacino idrografico sottostante svolge un ruolo essenziale per il risparmio di acqua e la riduzione dei consumi energetici grazie al pompaggio e al filtraggio delle acque.

175

The project gives an idea of contrast between nature and human construction, but in fact it isn't true. It is designed to create a strong bond between the two main characteristics of this area: the ecosystem and agriculture. The eco-sustainable restaurant has its roots on the top of a hill, and it creates a view towards the valley; surrounded by vineyards, it is inspired by its intertwined shape. The structure is connected to the existing roads by a path designed by the orography of the territory, which starts from the base of the hill and goes through the vineyard. In Ri.Se it is included a hydroponic greenhouse, which is articulated through a system of tanks for the cultivation of local products. The river basin below plays an essential role for water and energy savings thanks to the pumping and filtering of water.

Fig. 1. Concept di progetto liberamente tratto dall'opera *The Hand. The remorse of conscience* di Salvador Dalì, del 1930, custodita presso il Dalì Museum.

Analisi dell'area

L'Ofanto è uno dei corsi d'acqua più importanti del Mezzogiorno e il suo ricco patrimonio naturale e culturale è tutelato dal Parco Naturale Regionale del Fiume Ofanto. Nell'area presa in esame, questo tratto del fiume presenta un percorso meandriforme con ampie aree di naturalità residua perifluviali. Il paesaggio agricolo è caratterizzato da una fitta monocoltura cerealicola che invade tutta la piana, con alcune chiazze di vigneti e uliveti sulle alture. I villaggi della bonifica immobilizzati nel tempo, come Borgo Moschella e le case della riforma agraria, distribuite a filari e in parte abbandonate, attestano una storia recente di politiche di valorizzazione dell'agricoltura e del mondo rurale.

Criticità dei borghi

Il parco dell'Ofanto è caratterizzato dalla presenza di borghi rurali sorti con l'obiettivo di assolvere funzioni di tipo residenziale e commerciale, garantendo un presidio tattico avanzato di supporto al comparto agricolo. Il ristorante è situato nell'area di Borgo Moschella, una piccola frazione del comune di Cerignola, che conta circa 70 abitanti. È uno dei borghi rurali nati dalla riforma fondiaria del 1950, organizzato lungo un sistema viario che dalla foce fino a Madonna di Ripalta segue parallelamente il fiume. L'impianto originario prevedeva sia l'esistenza di abitazioni che di una stalla per l'allevamento di bovini, ma anche di luoghi di culto. Il borgo è diviso in due da una strada che, dopo un breve tratto di campagna, conduce al fiume. Una grave problematica è l'assenza di acqua potabile: infatti non vi è la presenza di acquedotto e tubazioni, ma solo di un unico pozzo.
Il progetto è situato sulla sommità di una delle scarpate di materiale sabbioso-limoso, in gran parte coltivate e interessate, in alcuni tratti, da processi erosivi canalizzati e da instabilità superficiale.
Le precipitazioni se da un lato sono necessarie per l'irrigazione delle terre, dall'altro sono causa di isolamento e immobilizzazione dell'intera borgata.
Il clima è solitamente caratterizzato da estati calde e aride e da inverni freddi e rigidi.

176

Fig. 2. Localizzazione Ri.Se e Borgo Moschella - Google Earth.

Figg. 3-4. Vedute sull'area di Borgo Moschella.

Morfologia del progetto

La struttura si erge dall'alto in tutta la sua imponenza architettonica. Essa sembra essere in totale mimesi con l'ambiente limitrofo e sia l'idea sia il suo concept sono totalmente legati con la natura circostante; la sua forma intrecciata si ispira alle ghirlande ottenute dall'intreccio dei rami della vigna, in cui l'edificio è immerso.

Attraverso un sentiero rurale che si insinua nel vasto e fitto vigneto, la struttura si eleva, partendo dal basso, come un punto d'arrivo e, attraverso la sua forma, come un luogo di totale accoglienza per i visitatori.

Al termine del percorso si giunge ad una scalinata circondata da vigneti, che conduce ad un podio in cemento grezzo, dal quale è possibile raggiungere gli ingressi del ristorante tramite le due passerelle.

Anche i materiali contribuiscono a rafforzare il rapporto tra il contesto e la struttura, poiché è stato adottato il legno come materiale sia per la struttura portante, sia per infissi e pavimento.

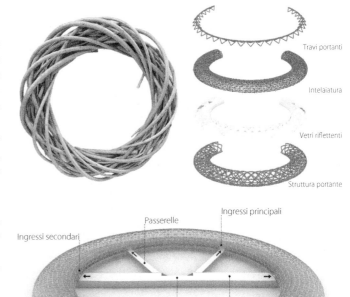

Figg. 6-8. Concept e schemi descrittivi.

178

Fig. 9. Vista esterna del ristorante dal bacino d'acqua.

Fig. 10. Vista esterna del ristorante dal percorso rurale tra le vigne

Figg. 11-12. Viste esterne del ristorante.

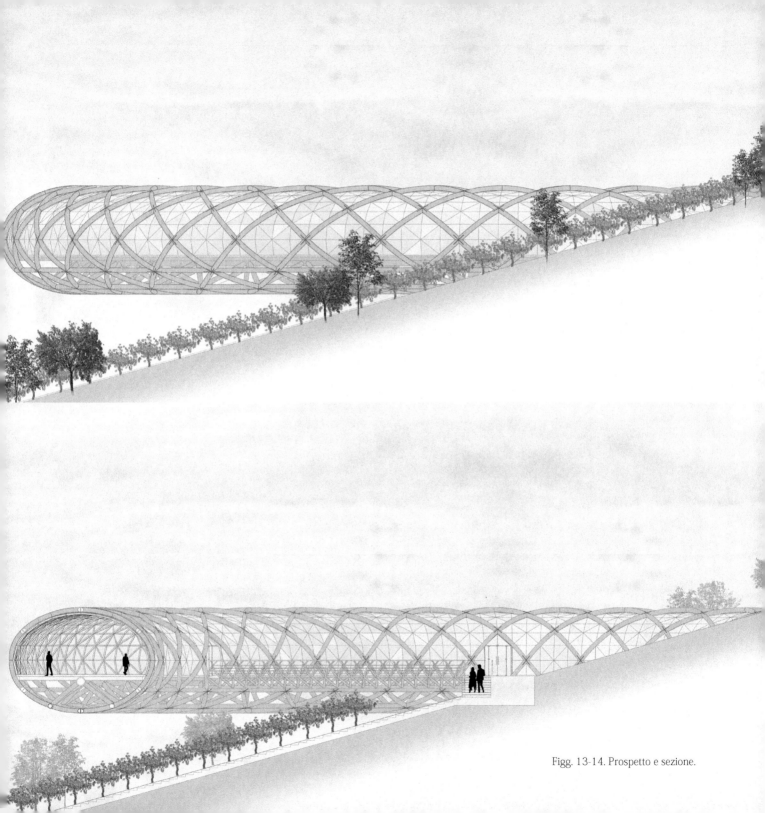

Figg. 13-14. Prospetto e sezione.

Fig. 15. Vista esterna del ristorante dalla passerella.

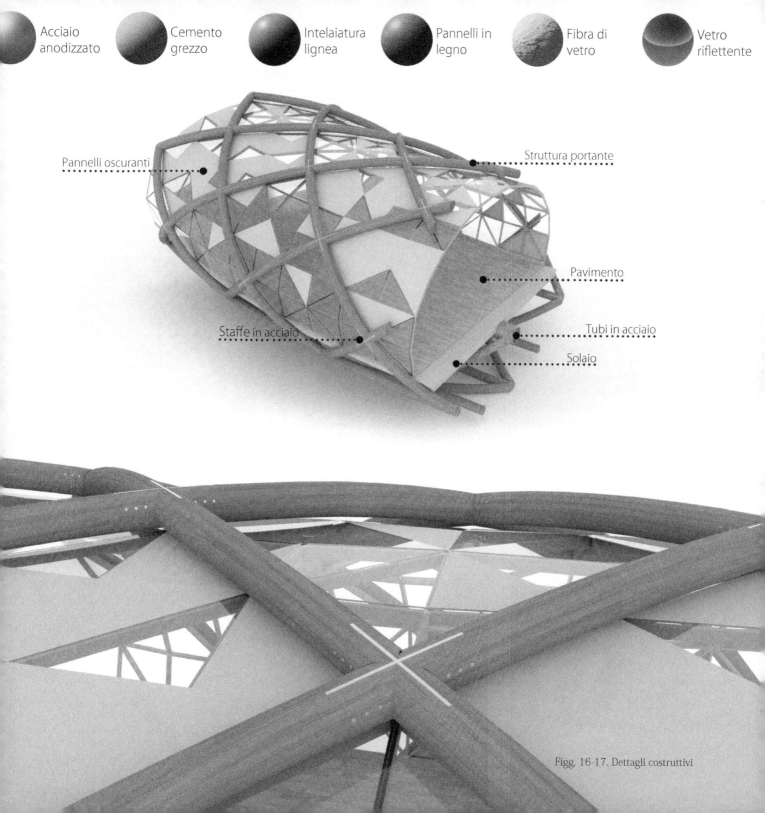

Acciaio anodizzato

Cemento grezzo

Intelaiatura lignea

Pannelli in legno

Fibra di vetro

Vetro riflettente

Pannelli oscuranti

Struttura portante

Pavimento

Staffe in acciaio

Tubi in acciaio

Solaio

Figg. 16-17. Dettagli costruttivi

Spazi interni

Percorse le due passerelle che conducono agli ingressi principali del ristorante, si giunge in un open space concepito per garantire un clima di avvolgente naturalezza e luminositá, in un rapporto di continuità con la campagna circostante.

Lo spazio interno consta di una zona adibita alla ristorazione con la disposizione di tavoli e sedie realizzate artigianalmente in legno, coerentemente con la struttura, una zona relativa alla preparazione dei piatti con cucine a vista dove è possibile sostare per degustare le pietanze, e infine vi sono delle aree che ospitano il sistema di vasche idroponiche specifiche per la coltivazione di varie colture; passeggiando all'interno del ristorante si rivivono le stesse sensazioni e gli stessi profumi del camminare in un campo a cielo aperto.

Alle due estremità della struttura a forma di semi-anello trovano luogo gli ambienti di servizio, tra cui il magazzino e i servizi igienici.

Il Ri.Se si avvale di pratiche "green" relative alla ristorazione offrendo cibo prevalentemente a "kilometro-zero", pertanto il cliente può gustare i sapori della terra vivendo un'esperienza ecosostenibile a 360 gradi, osservando dall'alto le bellezze del panorama circostante.

Per configurare uno spazio filtrante l'impiego del vetro è stato fondamentale, poiché permette la crescita delle piante presenti nella serra idroponica e offre una continuità visiva con il paesaggio esterno.

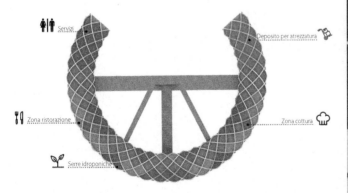

Figg. 18. Schema di distribuzione funzionale.

Fig. 19. Vista interna del ristorante.

Fig. 20. Vista interna del ristorante.

Figg. 21-22. Viste interne del ristorante, al tramonto e alla sera.

Il sistema delle serre idroponiche

Con il termine "idroponico" si intende il metodo che permette di ottenere un raccolto più ampio e con una qualità superiore. Una serra idroponica prevede, quindi, l'uso di speciali soluzioni, appositamente studiate, e di vari nutrienti. Grazie ad essi e al flusso accelerato alle radici, le piante crescono più velocemente, migliorando il risultato. Con l'utilizzo dell'apposita soluzione si può, inoltre, evitare di dover irrigare le piantagioni regolarmente. A differenza di quello che succede con gli ortaggi e le verdure piantate nei normali terreni, le radici non hanno particolari carenze di sostanze utili, essendo costantemente umidificate. Per scacciare gli insetti, infine, non è necessario utilizzare agenti chimici, che potrebbero causare problemi alla clientela e rendere i prodotti di qualità inferiore. La serra idroponica è costituita da vasche sospese dalla forma poligonale, ottenute dalla proiezione della struttura lignea e tenute insieme mediante dei cavi metallici; esse hanno la funzione di accogliere le varie colture e di permettere il loro sostentamento idrico. La luce è filtrata direttamente dai vetri riflettenti che compongono il sistema strutturale, che, oltre a garantire il giusto apporto di luminosità all'ambiente, dispone di pannelli oscuranti, disposti secondo una trama irregolare, volti all'ombreggiatura. Tra i prodotti coltivati si citano: erbe, frutti, fiori ed ortaggi.

188

Cavi metallici

Tubi di irrigazione

Vasche idroponiche

Calathea Ornifolia

Aspidistra

Lavanda

Fragole

Tulipani

Ficus Benjamin

Carice spondicola

Pomodori

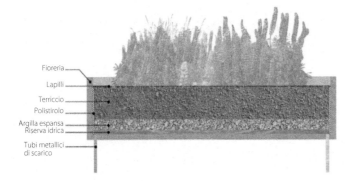

Fioreria
Lapilli
Terriccio
Polistirolo
Argilla espansa
Riserva idrica
Tubi metallici
di scarico

Fig. 23. Sezione della serra idroponica.

Fig. 24. Elenco di alcune coltivazioni presenti nella serra idroponica.

Fig. 25. Vista interna del ristorante nella serra idroponica.

O.P.A.C.
Ofanto Park Astronomical Center

Studenti:
Alessandro Iacovelli
Martina Morelli
Sebastiano Narracci
Gianluca Ranieri
Rossella Zeverino

Introduzione

Il progetto del complesso dell'osservatorio astronomico si estende su uno dei pianori che sovrastano la Lama di Spinazzola, un'area protetta, all'interno del Parco Naturale Regionale del Fiume Ofanto. L'area scelta è ideale non solo in ragione degli ampi spazi sui quali si sviluppa, ma anche perché la lontananza dal centro urbano e la posizione in altura la rendono una delle zone meno sottoposte ad inquinamento luminoso. L'idea progettuale prende ispirazione dalla composizione del sistema solare.

Il complesso si articola in diverse strutture, ognuna associata ad un corpo celeste, studiate per consentire la fruizione dell'area durante tutta la giornata e da parte di persone di ogni età: dai bambini, per i quali sono pensati luoghi didattici e di gioco, agli adulti appassionati e non del mondo astronomico.

The project of the astronomical centre extends over one of the tabeland overlooking Spinazzola Lama, a protected area into the Regional Natural Park of the Ofanto River. The chosen area is ideal not only because of the wide spaces it develops on, but also thanks to the distance from the city centre, that makes it one of the natural sites less affected by light pollution. The project takes its cue from the Solar System composition.

The entire complex is divided into several structures which allow the fruition of the area throughout the whole day and by people of each age, from children, for which are designed teaching and playing spaces, to adults passionate or not about astronomical world.

Fig. 1. Concept di progetto liberamente tratto dall'opera *Galileo e Viviani* di Tito Lessi, del 1892, custodita presso il Museo Galileo a Firenze

Analisi dell'area

Il Parco Naturale Regionale del Fiume Ofanto è un'area naturale protetta istituita nel 2003 dalla Regione Puglia, situata nei comuni di Rocchetta Sant'Antonio, Canosa di Puglia, Minervino Murge, Spinazzola, Trinitapoli, San Ferdinando di Puglia, Candela, Ascoli Satriano, Cerignola, Margherita di Savoia e Barletta. Nel parco ci sono numerose testimonianze storiche, soprattutto nei dintorni di Canosa di Puglia. Queste vanno dalla via Traiana, con il Ponte romano sull'Ofanto tra Cerignola e Canosa, al sito archeologico di Canne della Battaglia.

L'area è caratterizzata dalla presenza di numerosi solchi carsici che segnano il territorio generando numerosi scenari suggestivi e adatti ad accogliere progetti integrati con il meraviglioso panorama naturale.

Nel tratto alto del fiume la vegetazione è composta da boschi dove sono presenti querce, frassini, pioppi e salici. Nel tratto basso, complice la mano dell'uomo, si sono perse le zone boschive e la vegetazione è strettamente ripariale, sono presenti pioppi, salici ed olmi oltre a fitti canneti ed a vegetazione tipicamente palustre. Nei pressi della foce, grazie all'alta salinità ed alla stagnazione delle acque, si sono insediate steppe salate mediterranee considerate ad alta priorità conservativa.

192

Fig. 1-2. Foto aeree estrapolate da Google Maps.
Fig. 3 -4. Foto del sopralluogo.

Dall'idea al progetto

Il complesso, collocato nel Parco Regionale del Fiume Ofanto, si estende nella zona che, secondo la mappa dell'inquinamento luminoso italiano, è risultata essere quella più idonea all'osservazione della volta celeste.

Durante la fase di progettazione sono stati studiati i principi base dell'astronomia facendo riferimento alla composizione del sistema solare. Questo studio ha ispirato il design delle architetture che apparentemente orbitano attorno all'osservatorio, imitando il modo in cui i pianeti gravitano attorno al Sole. Il complesso prevede al centro del sistema orbitale un edificio con la sala del telescopio, attorno alla quale si snoda a spirale uno spazio espositivo. A questo fanno seguito due orbite sulle quali si impostano altri edifici.

La prima orbita ospita le strutture principali: il planetario con la sala proiezioni con schermi LED; il planetario diurno (la cui cupola presenta delle bucature che, grazie alla luce solare, generano una proiezione della volta celeste) e infine la biblioteca con laboratori annessi per lo studio e la ricerca. Questi ambienti sono designati alla progettazione di attrezzature e insediamenti per l'esplorazione spaziale di altri pianeti all'interno del sistema solare. La seconda orbita presenta, invece, alloggi, attrezzature per lo svago e la biglietteria, punto più estremo dell'intero complesso architettonico.

Le strutture si inseriscono in un contesto paesaggistico in cui è anche previsto un intervento di rinverdimento, atto ad aumentare la vegetazione attualmente presente nell'area di progetto.

I collegamenti tra le orbite e gli edifici sono facilmente garantiti da numerosi percorsi che si snodano tra i rilievi e la vegetazione, permettendo di godere di una passeggiata naturalistica caratterizzata da specie arboree e arbustive locali e piante tipiche della macchia mediterranea.

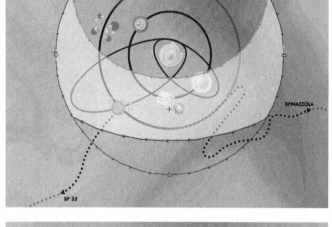

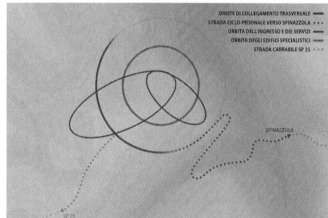

Fig. 6. Studio della traiettoria solare
Fig. 7. Schema dei percorsi di progetto
Fig. 8. Mappa dell'inquinamento luminoso

alloggi

biblioteca
e laboratori

osservatorio
astronomico

area parcheggio
e info point

planetario
diurno

planetario

Fig. 9. Masterplan del complesso astronomico

Fig. 10. Vista esterna della biglietteria

Fig. 11. Vista esterna dei planetari e dell'osservatorio.

Fig. 12. Vista esterna della biblioteca e del laboratorio.

Fig. 13: Vista esterna del parco astronomico.

Fig. 14. Sezione e dettaglio del planetario.

Fig. 15. Vista interna del planetario

Fig. 16. Vista interna del planetario

Fig. 17. Vista interna del planetario diurno.

Fig. 18. Vista interna del laboratorio.

Fig. 19. Vista interna dell'osservatorio astronomico.

Fig. 20. Vista interna dell'osservatorio astronomico.

Printed in Great Britain
by Amazon